中国石化
SINOPEC

U0837962

2021版

中国石化工会组织
特色工作案例和优秀工作法

中国石油化工集团有限公司工会工委◎编

中国经济出版社
CHINA ECONOMIC PUBLISHING HOUSE
中国石化出版社
HTTP://WWW.SINOPEC-PRESS.COM

图书在版编目（CIP）数据

中国石化工会组织特色工作案例和优秀工作法/中国石油化工集团有限公司工会工委编．--北京：中国经济出版社：中国石化出版社，2021.7（2022.6 重印）

ISBN 978-7-5136-6523-0

Ⅰ.①中… Ⅱ.①中… Ⅲ.①石油化工企业-工会工作-案例-汇编-中国 ②石油化工企业-工会工作-工会法-汇编-中国 Ⅳ.①D412.6 ②D922.569

中国版本图书馆 CIP 数据核字（2021）第 136507 号

策划编辑　海　毅
责任编辑　孙晓霞
责任印制　马小宾
封面设计　任燕飞设计工作室

出版发行　中国经济出版社
印 刷 者　北京富泰印刷有限责任公司
经 销 者　各地新华书店
开　　本　710mm×1000mm　1/16
印　　张　13
字　　数　140 千字
版　　次　2021 年 7 月第 1 版
印　　次　2022 年 6 月第 3 次
定　　价　39.00 元
广告经营许可证　京西工商广字第 8179 号

中国经济出版社 **网址** www.economyph.com **社址** 北京市东城区安定门外大街 58 号 **邮编** 100011
本版图书如存在印装质量问题，请与本社销售中心联系调换（联系电话：010-57512564）

编 委 会

主　编	赵　东		
副主编	周恒友	党　军	
编　委	全继业	王　丹	郭吉红
	孙卫红	公庆江	谷永德
	奚兴邦	张继峰	关　华
	谢梓峰		

前 言

近年来，中国石化集团公司各级工会组织坚持以习近平新时代中国特色社会主义思想为指导，深入学习贯彻习近平总书记关于工人阶级和工会工作的重要论述，持续增强政治性、先进性、群众性，围绕集团公司党组决策部署，以紧跟党的要求、促进企业发展、精准服务职工为工作主线，坚持不懈做好“四个寻找”，切实履行维护职工合法权益、竭诚服务职工群众的基本职责，使政治建设得到进一步加强，厂务公开民主管理进一步深入，服务职工群众水平进一步提升，积极团结动员广大职工发挥主力军作用，推动公司改革发展稳定中心任务顺利完成，从而得到上级组织和职工群众的充分肯定。

在促进企业发展、服务职工群众的工作实践中，各级工会组织与时俱进、开拓创新，坚持问题导向，注重工作实效，形成了很多好经验、好做法，塑造了大量具有石化特色，并在系统内外有较高知名度和影响力的工会工作品牌，形成了集团公司工会工作百花齐放、春色满园的生动局面。

为展示工作成绩，促进相互学习，实现共同提高，集团公司工会工委开展了工会特色工作案例、优秀工作法征集活动，共征集到工作案例176个、工作法269个。经专家评审，优中选优，最终选定20个特色工作案例、27个优秀工作法，结集成册。

“他山之石，可以攻玉。”期待本书能为各级工会组织工作的开展提供借鉴参考，取得取人之长、补己之短之效，以“站排头、争第一”的良好精神风貌，加快推动形成集团公司工会工作“一家一特色、一会一品牌”的良好局面，为集团公司打造世界领先洁净能源化工公司作出工会组织新的更大贡献。

目 录

第一章 特色工作案例

CONTENTS

第二章　优秀工作法

第一章

特色工作案例

创新开展“一线生产难题揭榜挂帅”活动 激发全员创新创效活力

胜利油田工会

一、工作背景

习近平总书记强调，“可以探索搞揭榜挂帅，把需要的关键核心技术项目张出榜来，英雄不论出处，谁有本事谁就揭榜。”2020年，胜利油田工会坚持以习近平新时代中国特色社会主义思想为指导，积极转变观念、更新理念，主动融入油田发展中心任务中，瞄准制约一线生产的“卡脖子”难题，在全油田组织开展“一线生产难题揭榜挂帅”系列工作，引领全员岗位创新创效，助力油田创新驱动发展。

二、主要做法

面向生产一线，全员参与难题征集。油田工会聚焦一线生产，制定下发了《关于开展“一线生产难题”征集攻关的通知》，全面启动难题征集工作。配套出台一线生产难题首提人员奖励机制，对首提人员给予一个难题500元的奖励，以激发广大干部职工多提难题。为提高难题征集的知晓率、参与率、覆盖面，油田工会依托工会信息网、胜利工友微信平台等多种方式和渠道，将其广泛宣传到班站、到岗位、到职工，还将征集的触角向局级和二级机关业务部门延伸，并采取“一线职工出题、基层业务部门点题、油田业务部门命题”的征集方式，全方位立体式征集难题。历时一个多月，油田各级工会共征集到868道“一线生产难题”。

层层审核把关，逐级确定难题立项。为确保难题征集的质量，油田各二级工会依据生产难题的全局性、普遍性、行业性、系统性等评判标准，组织专家对基层上报的868道“一线生产难题”进行初审，遴选出92道难题为油田级难题，其他776道难题为二级难题。胜利油田工会又组织专家对上报的92道油田级难题进行终审，最终

▼“一线生产难题揭榜挂帅”活动 现场 1

▲“一线生产难题揭榜挂帅”活动 现场 2

将其中 47 道难题列入油田级课题立项。

公开张榜招标，征集创意方案。坚持“英雄不论出处，谁有本事谁就揭榜”的工作思路，从破除体制障碍、拆掉资质门槛入手，引入竞争机制，将 47 道油田级生产难题公开在油田工会网和工友微信公众号平台上。仅历时一个月，就征集到 114 个创新团队、500 多名职工提出的 132 个创意方案，平均每道难题创意方案达 2.7 个，最多的一道难题征集到了 11 个创意方案。

召开揭榜挂帅大会，寻找破解难题“高手”。搭建“赛马”平台，召开“一线生产难题揭榜挂帅”大会进行公开打擂，让每一个创新团队亮出自己的创意方案，吸引劳模工匠、技能大师、科技英才及基层职工参加。组织专家评委现场提问、点评指导、打分考评、综合评议，评选出 38 个“最佳创意方案”，38 个揭榜挂帅团队。邀请全国劳模、中华技能大奖获得者、中国高技能人才楷模代旭升、陈景世、吕幸端、唐守忠等创新“大咖”现场颁奖，进一步强化精神激励。

发挥联盟优势，形成创新合力。从聚智创新破解难题着眼，铺路子、架桥梁，吸收难题首提人、有意愿参与创新的落榜团队成员加入创新团队，组成以单个生产难题为核心的难题创新联盟，先后有 15 名难题首提人、32 名落榜团队成员加入难题创新联盟，发挥团队优势并形成创新合力。从推动生产难题尽快得到解决的角度出发，从引进创新导师着手，在全油田范围内聘请王玉江、谢文献、杜正旺等 17 名油田知名专家作为 38 个揭榜挂帅难题的技术“外援”，

▼ “一线生产难题揭榜挂帅”活动 现场 3

为创新团队、难题攻关提供有力的技术指导，使难题攻关事半功倍。

强化保障支持，打通创新资金不足的“最先一公里”。资金是支撑难题攻关的最先保障。胜利油田工会着力强化资金扶持，投入约200万元经费支持38个揭榜创新团队攻关，切实打通创新资金不足的“最先一公里”，以保障挂帅项目的有序推进。制定出台《胜利油田群众性技术创新工作管理办法》，对“一线生产难题”的立项、资助、转化推广和评审奖励等环节进行规范，统筹成立油田劳模工匠创新工作室联盟来指导创新，使全员创新由“独创”向“联创”迈进。目前，揭榜挂帅的35道难题已全部进入研发期，有80%的揭榜挂帅难题取得了阶段性成果。

三、工作成效

“一线生产难题揭榜挂帅”工作聚焦油气开发生产中的“卡脖子”难题，将创新工作与生产难题紧密连接，在调动各方资源、汇聚油田英才推动难题解决的同时，破除论资排辈的“老框框”，形成能者上、庸者下的竞争机制，助力“一线生产难题”创新攻关，引领全员创新创效，提升整体创新活力。

形势任务宣讲“四到”构筑思想引领新阵地

中原油田工会

一、工作背景

中原油田工会按照中国石化集团公司工会工委和油田党委关于开展形势任务集中宣讲的要求，切实发挥工会团结教育、服务职工的职能，每年围绕油田任务目标拟定一个主题，开展形势任务进班组活动，下沉到一线，深入班组，走进职工，逐步建立了工会“形势任务进班组”的工作机制，构筑了特色化、常态化、多元化的工会宣教新阵地。

开展好“形势任务进班组”活动，既是工会贯彻落实“三会”精神的重要举措，也是推动中国石化集团公司公司党组、中原油田党委年度目标落实的有效载体，更是推动工会工作的必要抓手。活动坚持问题导向、需求导向、效果导向，紧扣社会发展实际，紧扣油田目标任务，紧扣员工生产生活，每年编印《形势任务 50 问 50 答》口袋书并发放至基层一线班组、队站，形成了“压力”层层传导，“动力”层层提升，“信心”层层递增的生动局面。3 年来，举办各种形势任务宣讲 2380 场次、座谈会 1426 场次，发放“形势任务进班组”

▲通过编印形势任务宣传挂图、《形势任务 50 问 50 答》口袋书等形式将全年的工作任务目标更直观地传达到班组、队站

宣传挂图 20000 份，使形势任务宣讲覆盖率达到 100%。

二、主要做法

1. 宣讲到班组

聚焦“稳油增气降本、整体扭亏为盈”的中心任务，分层次、有侧重地把形势任务讲清、讲透，引导员工“辩证看、务实干、创新办”。摒弃“居高临下”和“说教式”的工作方法，力求使宣讲更直观、更形象、更生动，从而进一步增强广大员工的发展信心和工作担当。

2. 解读到班组

结合“三会”精神，不仅讲摆困难与挑战，而且要述评优势和希望，通过图表、案例、数据等多种直观的形式，把专业性较强的内容转化成易于理解的语言，激励广大员工立足岗位谋发展、提升素质作贡献。勘探开发研究院、物探研究院等单位开展“形势任务大家谈”活动，让每名员工都成为宣讲的主角。

3. 座谈到班组

宣讲要想取得实实在在的效果，就必须了解员工所思所盼，掌握员工所想所需。通过与员工“面对面”座谈、“零距离”交流、“一对一”谈心，解答了“四供一业分离移交后职工安置”“外部市场员工推行易岗易薪”等员工关心的问题，使员工充分认识到扭亏脱困是解决一切问题的突破口，进而把敬业爱岗、聚焦发力转变为员

▼将形势任务宣讲进班组活动与“走访”活动、座谈、调研等相结合，积极回应员工关心、关注的问题，让员工进一步认清形势、凝心聚力

工群众的内在责任和动力源泉。

4. 调研到班组

认真落实“一线工作法”，把宣讲与调研结合起来，克服以主观想象代替员工真实需求的倾向，全面了解员工的个性需求和普遍性问题，重点为一线员工提供实实在在的服务。

三、工作成效

1. 倡树“三种意识”

一是讲形势，倡树担当意识。对照上级组织作出的新论断、确定的新目标、提出的新要求，聚焦油田中心任务，分层次、有侧重地把形势任务讲清、讲透。解读“困难是什么”，引领员工“辩证看、务实干、创新办”，进一步增强广大员工的发展信心和工作担当。二是讲发展，倡树创新意识。倡树“不靠油价靠作为”“破解困境靠担当、谋求发展靠实干”“每个单位都是利润中心、每个班组都是创效单元、每个员工都能创造价值”的理念，解读规划的时代背景，以及打造“五大品牌”的时代内涵，切实汇聚员工团结一致、创新创造的合力。三是讲传统，倡树主人翁意识。认真阐述中国石化在党和国家事业发展中的地位和作用，中原油田在中国石化的地位和作用。以油田优良传统教育为依托，用优秀的企业精神、劳模品格激发广大员工强烈的主人翁意识，让员工牢记“爱我中华、振兴石化”“为美好生活加油”的初心和使命。

2. 把握“三个环节”

一是把握好围绕重点工作开展宣讲环节。坚持把宣讲工作放在工作的大局中去思考、去落实，不仅讲摆困难与挑战，更要述评优势和希望。通过图表、案例、数据等多种直观的形式，把理论性较强的内容转化成易于理解的语言，使宣讲更加生动鲜活，让宣讲内容入情入理、入脑入心。二是把握好服务职工环节。宣讲的目的是汇聚全员力量推动油田科学发展，工会的特点决定了要做好工作，就必须深入基层，热忱服务员工。以2019年为例，文留采油厂、文卫采油厂、采油气工程服务中心等单位将宣讲与“走基层、访万家”活动同安排、同部署，征集员工合理化建议87条、解决员工反映的问题47个。三是把握好寓教于乐环节。摒弃“居高临下”和“说教式”的工作方法，采取更直观、更形象、更生动的教育方式，通过课堂宣讲、

▼积极号召工会专兼职干部、职工代表、劳动模范，组成文艺小分队、工匠采取代表团，用“文化快餐”“面对面拉家常”等群众喜闻乐见的形式开展形势任务宣讲进班组活动

网络宣讲、文艺宣讲等行之有效的方式进行。

3. 凸显“三个特性”

一是增强针对性。宣讲过程中，针对油气生产、油气服务、公共服务各板块的不同特点，把准员工思想脉搏，引导员工认清世情、国情、企情，把宣讲活动往实里走、往深里走、往心里走。积极回应员工关心、关注的问题，在引发思想共鸣的同时，动员员工进一步认清形势、明确任务，把思想和行动统一到油田各项部署上。二是突出时效性。油田形势任务集中宣讲通知下发后，各级工会迅速采取行动，本着“党委有号召，工会有行动”的原则，针对中原油田点多面广、人员分散的特点，发动各级专（兼）职工会干部、员工代表、劳动模范上讲台、进课堂、到班组。三是探寻多样性。随着员工队伍结构的日益多元化，结合各系统、各单位的实际，推出符合自身实际的“自选动作”，力求宣讲的内容、方式、途径切合员工的需求，并能受到广大员工干部的欢迎。创新宣讲方式，运用“互联网＋工会”思维，开创《群团说》动画短视频模块，使宣讲的方式更加多样、更加丰富，更易于员工接受。2020 年推送视频 5 期，观看员工 34402 人次，收集留言 4987 条。

“三全”实践构建健康工作新格局

河南油田工会

一、工作背景

河南油田已开发近50年，作为开发多年的老油田，近年来人员队伍规模逐渐压缩，目前员工平均年龄近47岁，高血压、高血脂、高血糖引发的心脑血管等慢性疾病逐年增多，员工的健康意识和健康素养亟待提升。河南油田工会认真贯彻落实“健康中国战略”和中国石化《员工健康管理规定》的要求，连续3年把健康管理工作纳入油田重点工作，创新实施员工职业健康、身体健康、心理健康综合管理模式，努力“全方位、全覆盖、全天候”保障员工健康，预防和控制员工非生产性事故，为油田高质量发展打下了坚实基础。

二、主要做法

1. 抓规范促提升，着力构建“全方位”健康管理模式

河南油田工会高度重视员工健康管理工作，自觉把员工健康纳入企业发展全过程，加强顶层设计，制定《河南油田员工健康工作管理办法》，把员工健康管理工作从工作时间拓展到8小时之外，

▲河南油田工会广泛开展健康宣传，图为房地产管理处组织开展职工健康知识讲座

从“职业健康”拓展到“职业、身体、心理”全面健康，从职业岗位拓展到家庭生活，把工作落实情况纳入党建、安全、工会考核等。强化监督约束。形成闭环式管理模式，切实做到全方位关心、关爱员工身心健康。强化职业安全。全面开展风险识别管控工作，围绕“辨风险、查隐患、反三违”主题活动，通过油田官方微信公众号的《安全随手拍》栏目，将发现的风险隐患随手拍照上传。每月对报送的隐患信息，及时组织评审公示。2018 年来，共收到员工安全合理化建议 2183 条，对其中 689 条建议进行了奖励。加强劳动保护。严格落实职业病防治工作，加强员工健康体检，2018 年来 15405 人共完成职业健康体检，计划完成率 100%；加强职业危害场所检测和整治，完成职业病危害因素检测 1463 个点次，尘毒场点检测合格率

100%；建立员工健康档案，定期开展健康状况排查评估，明确高危人群范围及职业禁忌要求，对 556 名职业健康体检指标异常人员全部进行复查，对 33 名职业禁忌人员全部调整了工作岗位，从而切实增强员工身体状况与工作岗位的匹配度。倡导健康生活。强化健康宣传，通过健康讲座、巡展宣讲、急救培训、知识竞赛等多种形式，引导员工树立大健康观念，培养良好生活习惯，不断提高健康素养；积极推动全民健身与全民健康有效融合，先后举办了全员健步走、“我运动、我健康、我快乐”等群众性体育活动 34 场次，万余名员工群众积极参与，营造了全员健康生活的良好氛围。

2. 抓预防强保障，着力打造“全覆盖”健康服务阵地

为全面保障员工身体健康，有效预防员工在岗期间非生产性事

▼河南油田工会深入开展“送 EAP 服务下基层”活动，图为到技术监测中心开展“让 EAP 助力攻坚创效”团辅活动

故发生，实现疾病早预防、早发现、早诊断、早治疗。河南油田工会在现有基层职工书屋基础上，在所有直属单位新建、改造109所健康小屋，尤其关注生产一线班站、高危作业岗位和外闯市场队伍，做到了所有基层站队全覆盖，深受基层员工欢迎。健康小屋设施配置齐全，功能完备。按照统一设计模板、统一配置标准，分层次建设健康之家、健康小屋、健康检测点（统称健康小屋），设立健康宣教、健康自测、运动康复、心理关爱四个区域，使其具备健康风险评估、健康计划制订、健康干预指导、健康自测、疾病预警、健康宣教、健康运动康复等功能。可运用医疗仪器完成多达25项基本健康指标的自助体检，所有仪器均可实现蓝牙同步上传，通过手机App查看测量结果。通过健康云平台对员工进行数据采集、方案生成、行为干预、效果反馈，定期检测汇总，形成动态大数据库，建立员工个人营养干预、运动干预、康复指导等长期健康规划方案。健康小屋方便快捷，评估科学。员工5分钟即可完成一次标准检测，通过App软件和在线健康师进行有效沟通，以获取各种健康咨询和指导服务。一是借助心理疾病预防、日常行为习惯、年龄指标参考值等健康评估报告，能够有效评估员工的疾病风险、膳食习惯及运动方式、心理压力等指标；二是根据异常风险作出风险预警和个性化健康规划，指导鼓励职工改良生活方式、膳食习惯、运动方式，缓解精神压力；三是定期优化健康方案、膳食方案、运动计划，实现提前干预、有效预防，全面提升员工身心健康水平。

3. 抓关怀重实效，着力推进“全天候”心理健康服务

针对员工工作生活中的心理困惑和情绪压力，全面深化河南油

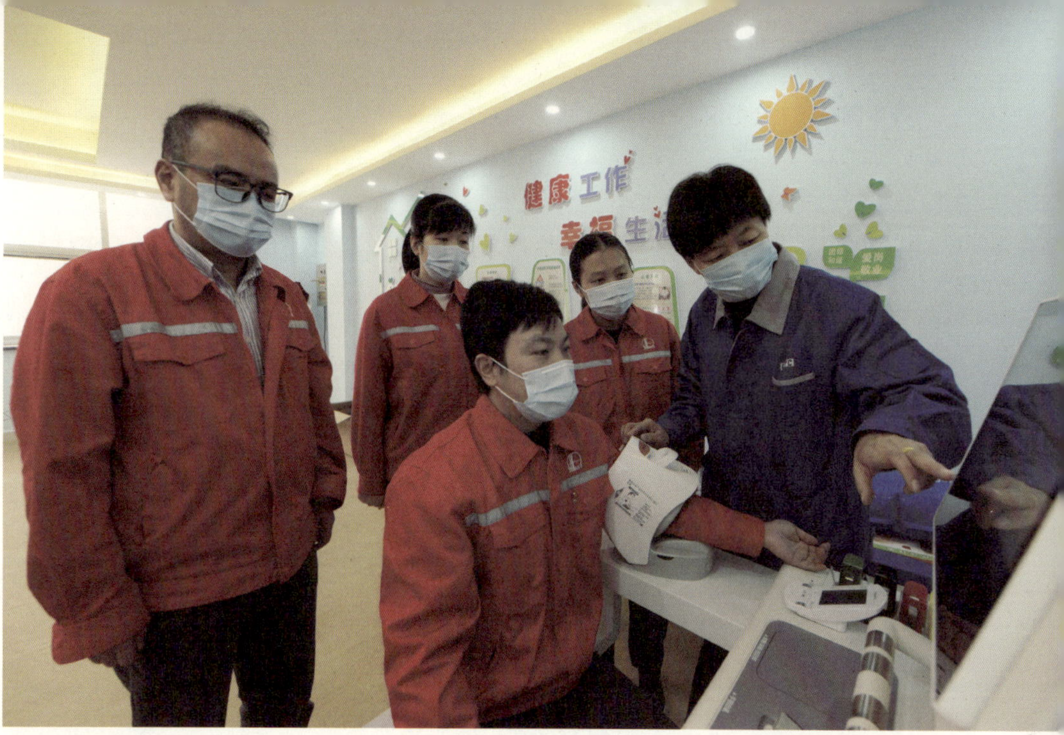

▲河南油田工会在基层一线单位建设 109 所健康小屋，图为采油一厂员工使用仪器健康自测

田 EAP 工作，切实用“全天候”“心贴心”的关怀服务，为员工心理健康搭起“连心桥”。加强心理健康指导。建立综合心理健康指导中心，配备团体训练室、心理测评室、音乐放松室、个案咨询室、热线电话室、宣泄室等 9 个功能室，主要为员工开展心理健康状况评估、团体辅导、个体咨询等专业服务，成为员工舒缓压力、排解抑郁的场所。自中心建立以来，进行心理健康指导 2 万多人次。该中心先后被评为河南省“巾帼标兵岗”和全国“巾帼文明岗”。创新打造 EAP 24 小时服务热线。选优配强 12 名 EAP 骨干志愿者轮值接听电话，及时为需要帮助的员工解疑释惑、疏导心理压力。深入开展“送 EAP 服务下基层”系列活动。通过团体辅导、健康讲座、个体帮扶等，引导员工塑造阳光心态，促使员工快乐工作、健康生活。3 年来，先后为 20 家单位开展服务 200 余场次，参与人数达 12500

人次。及时开展心理关怀及危机干预服务。充分发挥 EAP 工作优势，帮助特殊群体在特殊时期走出“心理危机”。2020 年新冠肺炎疫情暴发后，油田工会迅速成立疫情防控心理援助志愿者服务队，开展了“共同战疫——河南油田员工心理状况问卷调查”活动，心理帮扶热线一对一电话接访咨询 1172 人次，制作心理危机干预微课堂 40 余期，编发 EAP 微信文章百余期，受益人群万余人次。

三、工作成效

河南油田工会通过构建“全方位、全覆盖、全天候”健康管理工作格局，使员工群众能够及早发现自身的健康问题，及时就诊治疗并做好日常预防工作，已初步形成了集检查、预防、保健为一体的健康指导服务体系，切实为保障员工健康营造了良好环境。3 年来，未发生一起员工非生产性事故，非因公死亡人员比例大幅下降。中国石化集团公司《党建通讯》曾发表文章，推广河南油田“三全”健康管理工作法。

赛出涪气“加速度”

江汉油田工会

一、工作背景

涪陵页岩气田是世界上除北美洲地区之外，第一个成功实现商业开发的页岩气田，承载着中国能源战略梦、石化页岩气田梦、企地跨越发展梦，使命光荣、责任重大。江汉油田工会充分发挥组织优势，主动服务会战需求，精心组织开展了以“建设百亿方气田，建功国家新能源”为主题的劳动竞赛，激励广大会战将士弘扬主人翁精神、发挥主力军作用，抢时争先、奋发有为，积极投身“牢记

▼涪陵劳动竞赛：长水平井分段压裂试气开发技术应用现场

使命创业、敢为人先创新、严细实恒创效、追求卓越创造”的火热实践中，有力助推了涪陵气田高效开发。截至 2020 年 10 月，涪陵气田累计生产页岩气 332.64 亿立方米，为促进国家能源结构调整、缓解我国中东部地区天然气市场供应压力、加快节能减排和大气污染防治作出了突出贡献。

二、主要做法

1. 突出机制创新，用竞赛凝聚气田建设强大合力

企地携手奏好“同心曲”。坚持“企地共建、互利共赢”，搭好主题劳动竞赛平台，凝聚气田建设力量，助推地方经济发展。近年来，江汉油田工会先后与重庆市总工会、涪陵区人民政府、涪陵区总工会、涪陵区团委联合开展了“争当新时期铁人，建设百亿方

▼涪陵劳动竞赛：打造绿色低碳工程、生态和谐工程、环保示范工程

气田，建功国家新能源”“稳产保效争领先，建功中国新能源”等主题劳动竞赛。企地携手共促，实行统一领导、分级管理、分类考核、集中评比，以确保主题劳动竞赛落实落地、见到成效。

上下联动下好“一盘棋”。坚持“全员参与、全面覆盖”。结合涪陵工业园区 220 支参建队伍来自“五湖四海”，人员素质、文化背景千差万别的实际，以主题劳动竞赛为纽带，推动“哪里有劳动、哪里就有劳动竞赛”，汇聚起“一盘棋、一家人、一条心、一股劲”的旺盛斗志。

党工共建拧成“一股绳”。坚持“党建带工建、工建促党建”，把主题劳动竞赛融入党员责任区、党员示范班组、党员示范岗等创争活动中，推动基层党组织战斗堡垒作用和党员先锋模范作用的充分发挥，更好地凸显工会对党的建设的促进作用。

2. 突出目标导向，用竞赛激励会战将士争创一流

开展争先赛，用奋斗目标鼓舞人。在集体层面，开展“打造会战铁军，创建金牌单位”竞赛；在个人层面，开展“传承铁人精神，争当星级员工”竞赛，并以劳动竞赛成果为依据，引领会战将士抬高标准、创先争优。在竞赛中，广大会战将士瞄准奋斗目标，以“为中华民族争气、为中国石化争先、为江汉油田争效”为使命，敢打必胜、争先创优，创造了涪陵页岩气开发功勋井焦页 1HF 井稳产超 1400 天、水平段“一趟钻”最高进尺超过 2743 米、钻井累计安全进尺突破 300 万米等多项新纪录。

组织大学习，用榜样目标带动人。围绕“打造新时期会战铁军，寻找新能源会战铁人”，推出了“全国五一劳动奖状”江汉井下测试公司、全国“工人先锋号”涪陵页岩气公司技术中心等一批艰辛创业、锐意创新、激情创造、致力创效的先进集体，选树了中石化第二届“感动石化”人物刘尧文、气田最美妈妈米瑛、页岩气钻井配套技术“创建者”艾军、湖北省最美一线职工李加玉等一批具有时代特征、行业特色和岗位特点的“技术领军人才”，并通过事迹报告会、宣讲会，在广大参战将士中产生了热烈反响。

设立龙虎榜，用考核目标激励人。为充分调动会战将士的竞赛热情，江汉油田工会积极搭建竞赛平台，设立了竞赛龙虎榜，成立了由技术专家组成的考评组，每周围绕钻井、压裂试气、集气站点建设等重点工作开展检查，每月将各参战单位各项竞赛指标完成情况张榜公布，激发参战队伍奋勇争先、对标追标、不断超越，优质高效完成施工任务，形成了“百舸争流、你追我赶”的良好势头。主题劳动竞赛开展以来，先后有 40 多个集体、500 多人次立功受奖。

三、工作成效

1. 打造人才高地，促进素质提升

以劳动竞赛为载体，始终把提升队伍整体素质放在突出位置，围绕页岩气试采规律、空气钻井和泡沫钻井、泵送桥塞射孔和连续油管钻塞等新知识、新技术，开展多层次的岗位练兵、技能竞赛和“导师带徒”活动，掀起了学技术、比作风、比业绩、比贡献的新高潮。先后有 5 个集体获得重庆市五一劳动奖状、11 人获得重庆市五一劳动奖章、17 个班组获评重庆市工人先锋号。

▲涪陵劳动竞赛：涪陵页岩气田劳动竞赛启动仪式现场

2. 打造先发优势，促进科技创新

针对深化地质认识、开采规律研究、勘探开发技术等重点难点问题，组织开展了形式多样、有力有效的献良策、攻难关活动，推动涪陵页岩气田在全国页岩气大发展中抢占先行之利、夺取领跑优势。在竞赛活动中，科技人员解放思想、自我加压、勇于创新，形成了页岩气藏综合评价、水平井组优快钻井、长水平井分段压裂试气、试采开发和绿色开发等五大开发技术系、100 多项技术标准、数十项国家专利，部分成果达到国际领先水平，有力保障了气田大发展、快发展、优发展。其中，“涪陵大型海相页岩气田高效勘探开发”项目获 2017 年度国家科技进步一等奖。

3. 打造绿水青山，促进安全环保

针对涪陵气田安全风险多、环保风险大的实际，以主题劳动竞赛为平台，建立健全组织、制度、监管、保障“四大体系”，实行企业自主管理、第三方监管、政府监管、社会监督同步运行机制，着力打造绿色低碳工程、生态和谐工程、环保示范工程。截至目前，涪陵页岩气田取得了无井喷失控事故、无工业火灾事故、无环境污染事故、无上报安全环保责任事故的可喜成绩，涪陵页岩气公司荣获“中国石油与化工行业绿色工厂”称号。

运用大数据思维　赛出劳动竞赛新活力

江苏油田工程技术服务中心工会

一、工作背景

开展劳动竞赛既是工会工作的重要内容，也是调动和发挥员工积极性和创造性的重要手段。长期以来，江苏油田工程技术服务中

▼全国劳模、中国石化技能大师、江苏油田工程技术服务中心员工田明带领工作室成员开展技术创新

▲江苏油田工程技术服务中心通过开展“班组劳动竞赛”，打造“工人先锋号”，让咱们工人更有力量

心工会（以下简称“中心工会”）组织开展的劳动竞赛以自我推荐为依据，经中心劳动竞赛委员会评比后授奖。这种模式虽具有一定的可操作性，但局限性也非常突出。随着油田改革的加快和员工队伍结构的日益变化，这种“大锅饭”分配方法已经不能适应企业的发展要求。在大数据视域下，与工会组织和员工相关的数据规模越来越大，相关数据的可获得性越来越强。面对不断变化的新形势，需要我们更多地借助大数据，通过让海量、动态、多样的数据有效集成有价值的信息资源，从而更好地发挥劳动竞赛服务企业发展的主动作用。

二、主要做法

运用大数据全样思维，用数据比出竞争力。以往，受数据获取渠道和方式的限制，传统劳动竞赛一般以比速度、比产量为主要竞赛依据，而且这些所谓的“主要指标”往往并不能客观反映竞赛的综合效果。进入大数据时代，数据的计算和收集不再像过去那样困难，不仅可以分析少量的主要数据，而且可以分析与事物相关的所有数据，这是大数据全样思维带给我们的启示。中心工会紧紧围绕“扭亏脱困”的总体部署，以提高时效、降本压费和打造核心竞争力为目标，改变以往以“赛速度、赛服务”为导向的“两杯”劳动竞赛，创新开展了以“经营效益优胜杯”“工程质量优胜杯”“施工速度优胜杯”“服务保障优胜杯”为主要内容的“四杯”劳动竞赛和“争做创效标兵，争创工人先锋号”班组劳动竞赛，突出数据的全面性，多层次、全方位构建劳动竞赛新体系，实现了竞赛由速度型、体力型向效益型、智力型的转变，为打造资源市场“双引擎”添动力、共加油，共同推进中心可持续发展。自劳动竞赛开展以来，中心施工队伍中人均绩效最高相差 1 万多元，大大激发了职工生产创效的激情和热情。

运用大数据整体思维，用数据比出生产力。在大数据时代，整体性大数据思维模式成为解决问题的首选。中心工会开展的“四杯”劳动竞赛，除了传统的安全、环保、质量等一票否决项外，还涉及与生产经营相关的所有数据。在看似简单的数据背后，每一个数字的确定都有着无数组数据作为支撑，仅以“工程质量优胜杯”为例，中心工会以资料全准率和施工工序一次合格率作为该项竞赛的评比依据，每季度根据生产部门传回的各基层单位资料全准率、施工工序一次合格率以及季度施工合格工序系数，按比例计算综合得分后进行排名。“施工速度优胜杯”也是设定了5个指标作为考核依据，每个指标的计算数据更是成千上万，从如此庞大的数据网中进行整理、对比、计算，能让劳动竞赛的评比更具说服力。此外，中心工会还将收集到的基础数据交由财务、经营管理部门进行比对核实，然后再按照人力资源部门提供的人员构成信息进行汇总，最后将数据分板块进行统计评比。这样的闭环处理模式，让一个部门的“单打独斗”变成了多个部门的有效联动，大大提升了竞赛的整体性。自竞赛开展以来，检泵井占井周期由2016年的平均3.85天降低到2020年的平均2.47天，有力地保障了油田原油生产平稳运行。

运用大数据关联思维，用数据比出吸引力。在大数据时代，由于坐拥海量数据和良好的计算能力，相关关系分析为人们提供了一系列新的视野和有效的预测，以通过找出新种类数据间的相互联系来解决日常需要。通过对“四杯”劳动竞赛的分析发现，班组人均绩效的高低直接关系到单位经营效益的好坏，所以中心工会延续了“用数据说话”的竞赛理念，组织开展“争做创效标兵，争创工人先锋号”班组劳动竞赛活动，将38个基层单位按照队伍性质划分为7个板块，通过比拼人均绩效，持续提升班组“算效益账、干效益活”的能力水平，最大限度地激发了员工工作热情和创新活力，激活了班组这个最基本单元的创效潜能，为增强中心核心竞争力奠定了坚实基础。此外，中心工会还将班组劳动竞赛的结果与年度“工人先锋号”、双文明先进班组和优秀班组长的评比挂钩。对荣获“工人先锋号”的集体，优先推荐参加中心工会“十大优胜班组”和“十大优秀班组长”的评选。通过创先争优长效机制，充分发挥广大员工建设在推动中心发展中的重要作用。自竞赛开展以来，先后有5人被评为油田劳动模范，22人被评为油田优秀员工，在中国石化集团公司技术、技能比武中荣获6金、1银、7铜的优异成绩，为中心打赢扭亏脱困攻坚战提供坚强保证。

三、工作成效

运用大数据的全样思维、整体思维和关联思维开展劳动竞赛，是中心工会对劳动竞赛评比形式的一种探索和创新。近年来，中心工会在基层队伍之间开展了“四杯”劳动竞赛和班组劳动竞赛，通

▼江苏油田工程技术服务中心依托“四杯”劳动竞赛，充分激发全员外闯市场的工作热情。中心东北项目部经理赵明朗紧盯甲方井口数据变化

过赛人均利润、施工工序一次合格率、人均工作量和管杆米数，以及客户满意度，全体员工的竞争意识、质量意识、效益意识、服务意识不断增强，江苏油田艰苦奋斗、干事创业的氛围更加浓厚。先后开展春秋季生产会战、非常规劳动竞赛等20余次，累计完成作业施工5778井次，试油316层，完成105口井135层压裂施工，实现增油1万余吨。

科学防控为员工搭建健康安全的港湾

国勘公司工会

一、工作背景

在新冠肺炎疫情新形势和新挑战下，员工健康风险进一步提升。特别是海外员工，除自身原有疾病外，恶劣迥异的自然环境，传染病或地方病肆虐，医疗资源匮乏、应急能力较低，社会动乱、缺乏社会支持，对个人和家人健康的焦虑，以及居家或隔离期间心理压力的增大，都会对其身心健康造成较大影响。据此，国勘公司工会倡导“以人为本”，境内境外“一盘棋”统筹联动，科学部署疫情防控，优化完善健康管理，积极在常规健康管理的基础上探寻新路，为员工搭建健康安全的港湾。

二、主要做法

1. 专业化指导，明确健康管控要点

新冠肺炎疫情暴发后，国勘公司第一时间编制发布《国勘公司新冠肺炎疫情防控手册》，明确防疫要点，提出健康筛查、事项报告和异常情况应急处置等具体要求，并提供专业化指导；更新发布《疫

▲ EAP主题微课堂帮助员工温暖战“疫”

情防控管理指南》《疫情防控境外事件应急预案》《新冠肺炎疫情期间员工国际旅途防疫指南》等疫情防控文件30余份，抓实境外疫情管控；同时重视制度宣贯，运用微信平台和内部刊物发布防疫宣传英文视频、英文资讯和宣传海报等，教育、引导外籍员工，强化防疫部署的执行。

2. 科学化管理，分级管控健康风险

实施健康一体化管理，深化细化风险分级，把控好“风险分析—健康评估—分级分类管理—健康促进与改善”等各环节。依据各年龄段高发疾病特点，采用“必检＋自选”模式，优化设置个性化体检套餐。设定健康风险分级指标组（重要指标分红、黄、绿三级），重点关注健康高风险员工，实现员工健康档案“颜色管理”。考虑派驻国家和项目驻地医疗水平和应急能力，结合员工健康指标，综合评估是否外派，明晰重要风险点和改善建议，一对一予以反馈。根据评估结果划分员工健康风险等级，分级分类建群管理，动态维护健康档案，并结合疫情重点关注三高、肺部疾病等基础病的筛查

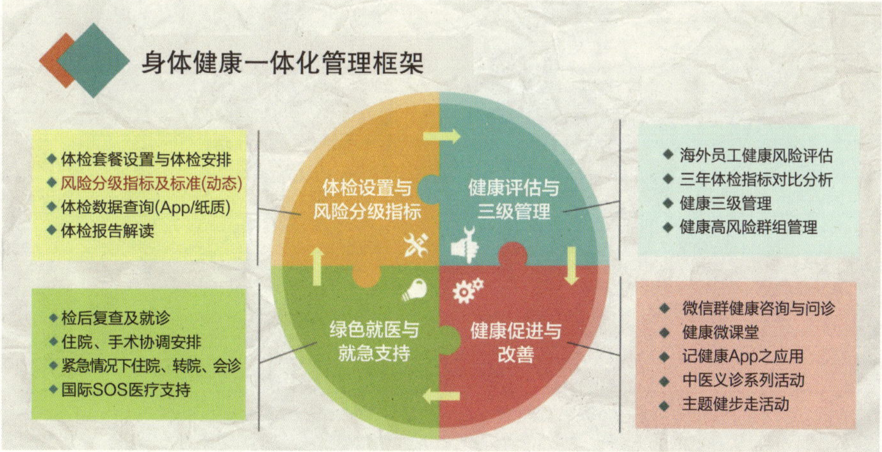

与跟踪，全力做好健康风险防控和疾病预防。

创新健康服务模式，拓展服务载体。持续摸排员工对健康服务的需求，全员开通“视频医生”，全科医生24小时线上值守、1分钟响应，大病重症“远程会诊”，有效解决疫情期间员工及其家属就医问题。加强微平台建设，全球实时无障碍沟通，开展定期专题微课和线上交流活动15期，举办网上健康讲座7期，其中境外有700余人次参加。

3. 信息化防控，做好信息报送和重点排查

在新冠肺炎疫情期间开发了“国勘疫情在线填报系统”，准确、及时、全面地掌握了全员及其共同居住亲属的健康状况及防疫信息。每日对1200余名员工进行全面健康跟踪，特别对境外重点人群进行健康排查，一对一动态跟进密接者、发热咳嗽、境外中高风险地区、

▼新冠肺炎疫情期间，国勘伊拉克项目向当地合作伙伴捐赠防疫物品

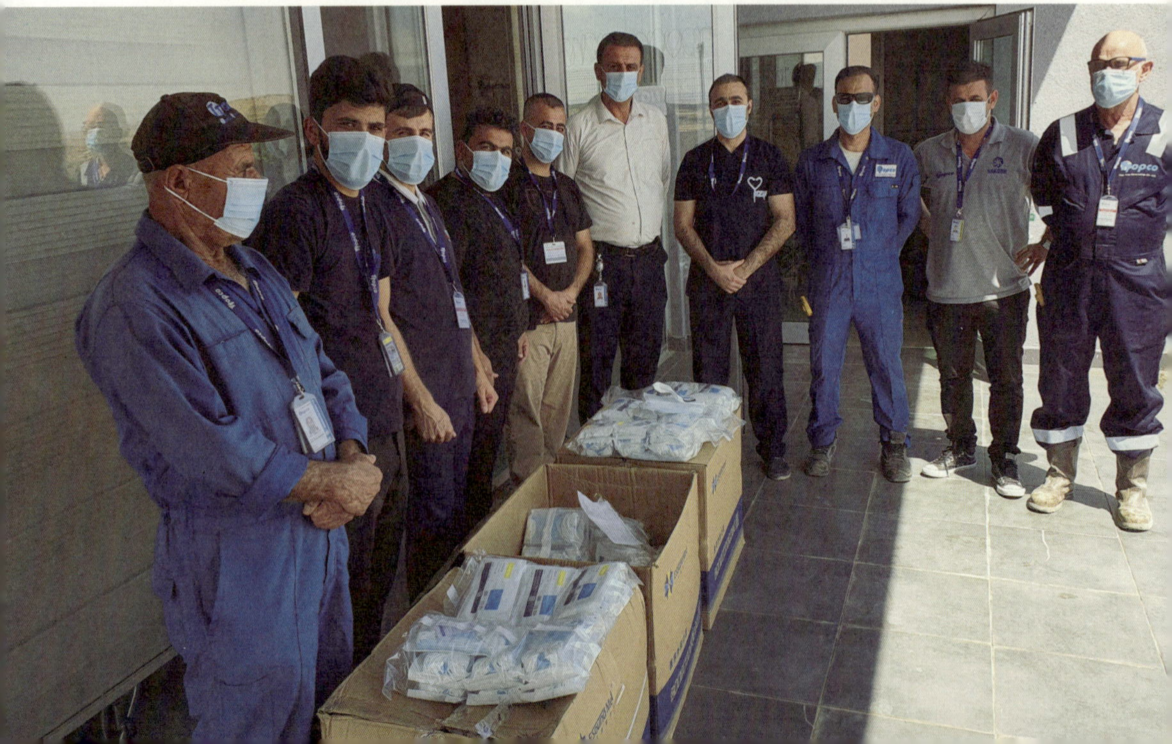

▲新冠肺炎疫情期间，国勘安哥拉公司向罗安达维也纳救助中心捐赠生活物资

境外回国人员等重点人员健康状况，动态更新健康档案。每月召开海外机构疫情防控工作视频对接会，对海外机构的健康筛查与隔离、员工身心健康状况进行逐一巡查，督促要求落实落地，对存在问题制订整改计划。

4. 精准化帮扶，提升公司人文关怀温度

为了落实好国资委“两稳”要求，保持“5680”爱心服务热线24小时畅通，创新开展“互帮互助爱心服务”，总部部门与海外机构结对，国内与海外员工结对，点对点精准帮扶突遇困难、重大疾病或心理压力过大的员工，以解除后顾之忧。灵活通过多种形式，逐一对海外员工开展多轮走访慰问，及时发现并解决困难。针对海外员工发生的亲人离世、爱人高危临产等特殊情况，迅速安排“绿

色就医通道”，组织爱心志愿服务，开展一对一帮扶。新冠肺炎疫情期间，第一时间开通 24 小时中英双语 EAP 预约热线，发布中英双语心理防护指南，开通 EAP 微信平台，录制播放“温暖战疫”EAP 微课 17 期，帮助疏导、缓解心理压力，传递正向能量，保证了境内外员工思想稳定、队伍稳定。

5. 多措并举，为员工搭建健康安全的港湾

坚持“不打疫苗不派出”“不健康评估不派出”原则，组织新冠疫苗接种 667 人，健康评估 156 人，实现出国人员接种率和健康评估率 100%。督促海外机构轮休人员严格执行行前筛查和隔离要求，以及旅途防疫措施。结合各境外机构所在国的不同情况，积极拓展全球采购渠道，从国内协调采购 29 万余只口罩、107 个测温仪、6 台呼吸机等防疫物资，运送 1300 余包连花清瘟胶囊等各类药品，并开展线上特色工会活动和文化活动，多措并举为员工搭建健康安全的港湾。

三、工作成效

新形势下，国勘公司工会对健康管理开展的创新探索，既帮助境内外员工及其家属有效减轻了身心压力，切实维护了身心健康，又及时传递了中国石化集团公司和国勘公司的关心关爱，全面提升了人文关怀温度，尤其增强了境外机构中外员工及家属的自豪感、归属感，促进了跨文化融合。同时这些创新探索，为国勘公司工会全力做好境外机构员工及其家属的托底保障工作、科学有序抓实境内外疫情防控工作营造了良好氛围，也为将国勘公司工会打造成全体境内外员工及其家属防疫常态化新形势下的坚强后盾提供了强大助力。

实施“三融三心”模式
助力实现海外疫情防控和生产经营“双战双胜”

胜利石油工程公司工会

一、工作背景

胜利石油工程公司现有 11 个海外项目部，含钻井、修井、录井、定向井等 69 支专业施工队伍、中外籍员工共计 1950 人。自新冠肺炎疫情发生以来，公司海外项目所在 10 个国家的疫情均发展较快，呈加速蔓延趋势，员工健康安全受到威胁，项目生产运行面临严峻挑战。面对海外疫情和低油价的双重考验，公司工会迅速采取行动，全面推行“三融三心”模式，安人心、理情绪、稳队伍，全力以赴为打赢公司海外市场疫情防控阻击战和生产经营攻坚战保驾护航。

二、主要做法

1. 融汇联动织密防控网络，保广大海外员工“安心”

胜利石油工程公司各级工会组织坚持员工至上、生命至上，充分发挥职能优势，层层部署落实联防联控、群防群治各项措施。公司工会第一时间下发《关于充分发挥工会组织作用助力海外疫情防控工作的通知》，紧急拨付专项资金 50 万元，多方协调采购口罩、

▲胜利工程科威特项目部 SP212 队员工刘莲军在 UG311 井场门口职守，该队严格落实群防群控措施

储备药品，最大限度保障海外抗疫物资充足供应。项目部门通过防疫知识线上答题，张贴防疫通告、印发明白纸，推送微信、抖音等方式，号召机关人员集中封闭办公、外籍人员居家办公，基层员工严禁聚集流动、封闭井队祈祷室、实现分餐制，现场施工严格落实来访人员体温检测登记、物资配送无近距离接触，切实增强海外干部员工在工作生活各个环节中的科学防范意识和自身防护能力。基层队工会小组以班组为单位划分责任区，班组长通过谈话谈心、视频电话、微信群互动等方式，责任承包、联络疏导、管理帮扶到每

一名驻外员工，确保工作生活保障、思想动态、身体情况、个人诉求、家庭困难“五清楚”。各级工会组织战“疫”先行、主动作为，在公司海外项目所在10个国家累计报告新冠肺炎感染病例280万例，且每天仍以1万例左右速度增长的情况下，始终保持中外员工队伍身体健康、无一确诊。

2. 融合创新推进 EAP 服务，助海外员工队伍“润心”

胜利石油工程公司各级工会组织创新推进 EAP 项目融合服务，帮助广大驻外员工及其家庭理顺思想情绪，重塑良好心态，提升工作生活状态。一是实施实体阵地服务。充分发挥公司已有的“方舟”“心路”“半月湾”等 EAP 工作室阵地作用，开展欧卡传情、组词说故

▼胜利石油工程公司工会开展境外员工家庭日 EAP 服务活动

事等系列团辅活动，组织线上授课，开展网上辩论赛，为海外员工及其家属开通24小时心理服务热线，编制《员工自助手册》，录制心理减压视频，提升员工心理健康防护能力。二是开展专业心理辅导。坚持为项目员工提供系统科学的心理援助，聘请专业心理咨询团队，采取理论讲解、情景设计、行为分析等方式，“一对一”进行个性化心理干预咨询100余次。依托公司有经验的专、兼职心理咨询师团队，分别组建沙特、科威特、海外中心3个境外EAP线上心理辅导群，与项目人员每日在线上互动交流，提供情感支持和超前危机干预，指导其进行心理调适、情绪疏导，学会处理情绪压力的方式方法。三是组织家庭亲子活动。采取室内训练营形式，集中组织倒休回国的员工及其伴侣和子女开展“家庭日”EAP活动，通过心理拓展游戏和专家授课，促进夫妻感情和亲子关系，增强家庭和谐幸福。通过开展多项EAP融合服务，有效缓解了连续驻外8个月以上、中方员工不同程度的急躁、焦虑或思乡等不良情绪，持续温润海外员工的心田，为其心理减压赋能。

3. 融建内外实施关爱工程，聚海外双战双胜“同心”

胜利石油工程公司各级工会组织坚持境内、境外同步运行，用心用情做好提信心、鼓士气、暖人心各项举措，不断凝聚同心战“疫”、同力创效的硬核力量。境内构建“一般困难机制帮、突发困难及时帮、突出困难重点帮”工作机制，建立海外员工家庭档案，摸清底数，重点跟踪关注，针对孩子中高考、老人住院陪护、妻子育儿生产、子女接送困难等情况，组织各级工会干部及志愿者团队实施“一对一”结对帮扶，进家入户，逐一帮助协调和解决实际困难及问题

123 件（次），最大限度地解除海外员工的后顾之忧。开展“心系海外、情暖家庭”走访慰问活动，先后 4 次对全体驻外员工家庭进行全覆盖走访，发放慰问金、慰问品、抗疫物资近 300 万元，切实把公司工会的关怀和温暖送到了海外员工及其家属心坎上。境外坚持以“小积分”激发“大活力”，每天通过 1 小时集中在工会工作群，分享交流“快乐舞动”“随手拍”“趣味运动会”“外语 PK 台”“烹饪家乡菜”“写一封家书”“我的战‘疫’故事”等文体活动成果，有效活跃了因隔离措施造成的相对沉寂、压抑的氛围。同时，制定活动参与奖励办法，奖励工会积分，并可以凭积分兑换相应价值奖品，大大增加了海外员工的参与度，愿意分享交流的员工越来越多，大家互相鼓劲，使攻坚动力和创效热情越发高涨。员工纷纷感慨地表示：公司就像一个大家庭，安排丰富多彩的活动带领我们共渡难

▼海外项目倒班人员，做好疫情防护，正斗志昂扬地整装待发、建功海外

关，我们不是孤军奋战！抗疫，有公司做坚强后盾，我们不孤单，相信每个人坚守好属于自己的阵地，我们一定能打赢这场硬仗。

三、工作成效

胜利石油工程公司工会通过实施“三融三心”工作模式，有效保障了海外员工的生命安全、身心健康和队伍稳定，进一步凝聚了队伍、激发了干劲，涌现出中央企业抗击新冠肺炎疫情先进个人1名，中国石化抗击新冠肺炎疫情突出贡献单位1家、先进个人2名；同时推动了公司海外效益的逆势增长，2020年1—9月，海外项目累计施工交井104口，完成钻修井进尺20.81万米，实现收入14.05亿元，同比增长8.2%；新签项目部合同14个，累计金额3.44亿美元，完成年度指标任务的93%，在海外市场进一步刷亮“胜利铁军”品牌。

坚持“循环建家”工作机制
不断夯实工会职能

金陵石化工会

一、工作背景

加强新时代职工之家建设，既是工会一项长期重要的任务，也是工会服务企业、服务职工，不断提高整体工作水平的重要载体和手段。1996年以来，金陵石化工会坚持开展职工运动会、文化艺术节、岗位技能竞赛、组织建设年四项主要活动，每年一个主题，四年一个循环，努力把工会组织建设得更加坚强有力、更加充满活力，切实保持和增强工会组织的政治性、先进性、群众性，彰显“咱们工人有力量”“咱们工会有作为”，为建设世界领先炼化企业赋能助力。

二、主要做法

1. 加强顶层设计

高度重视“循环建家”工作，金陵石化工会始终将其作为工会年度重要工作之一，并列入公司党委全年奋斗目标。年初即研究讨论制定当年建家主题的总体方案，成立由公司党政主要负责人担任

▲金陵石化第六届职工文化艺术节闭幕式暨“庆祝党的十九大 唱响美丽金陵”职工合唱比赛决赛

主任，副职领导担任副主任，职能部门、专业化中心和基层单位的负责人担任成员的组委会。组委会下设办公室，由公司工会副主席兼任主任，相关部门人员参与办公室工作，形成工会主抓、相关部门参与的工作格局。

2. 明确责任单位

根据建家主题，分解重点任务，充分发挥职能部门和公司文联体协的作用，团结协作共同建家。例如：岗位技能竞赛活动，人力资源部、教培中心负责设计技能竞赛主要内容、竞赛工种，确定竞赛题目，实施业绩评价。组织建设年，企管和法律部积极当好“法律顾问”，指导编写《职工权益指南》等手册，协助抓好工会专（兼）

职干部培训；文化艺术节，公司文联充分发挥作用，积极参与项目确定，组织发动文体积极分子参与艺术节各项活动；职工运动会，公司体协从运动会项目确定到组织实施、安全防范等，积极承担竞赛各项工作。

3. 抓好督办落实

根据确定的活动方案，工会积极抓好落实工作。督促各承办单位、各部室按照分工安排、时间节点，制订各自的详细活动计划，成立相应的工作班子，确定竞赛评分考核机制，推进各个子项目如期顺利开展。工会加强对整个活动过程的管控，加强组织领导，做好安排部署，抓好内外协调工作，及时解决活动过程中存在的问题和困难，以确保活动高效、稳妥地实施。同时加强舆论宣传，通过各类媒体及时推送活动开展情况，以便提高吸引力，扩大其影响力。

4. 做好总结提炼

对当年开展的主题活动进行总结回顾，既肯定取得的成绩，提

▼金陵石化第六届职工运动会广播体操比赛现场

炼经验做法，表彰先进，激励员工；同时也总结不足之处，吸取教训，厘清下一步工作思路，为下一轮“循环建家”工作提供借鉴。以职工是否满意为标准，以工会作用是否有效发挥为标尺，推陈出新、扬长补短，不断把“循环建家”工作推向新的高度。

三、工作成效

经过26年的不断发展，“循环建家”已形成完善的工作机制，成为党政认可、职工欢迎、群众满意的工会工作特色品牌。在组织建设年，推进工会组织建设不断加强，职工代表综合评价满意度连续多年均在97%以上，公司被评为“江苏省厂务公开民主管理示范单位”；岗位技能竞赛活动，为公司建成一支坚强有力的技术工人队伍提供了成长平台和通道，75名职工通过竞赛直接晋升为技师。近年来，在参加中国石化集团公司、省、市举办的各类技能业务比赛中，公司代表队多次荣获个人金牌或团体第一；文化艺术节和职工运动会，已成为员工群众喜闻乐见的文化体育活动，培养了一批员工艺术家和运动达人，既提高了员工文化素养，提升了员工健康

▼金陵石化第六届职工岗位技能竞赛闭幕式上，公司领导和全体获奖者合影

观念，也助推了企业和谐稳定发展。公司于 2017 年荣获“全国文明单位”称号和中国石化“企业文化建设先进单位”称号，并于 2021 年 1 月通过全国文明单位的复评；被国家体育总局评为“全民健身活动先进单位”，并成为南京市唯一获得全国“2013—2016 年度群众体育先进单位”称号的企业。金陵石化工会还先后被中华全国总工会、江苏省总工会、中国石化集团公司工会工委授予“模范职工之家”荣誉称号。

“解决小诉求　凝聚大力量”

广州石化工会

一、工作背景

在党的十九大报告中，习近平总书记强调，为人民谋幸福，是共产党人的初心。我们要时刻不忘这个初心，永远把人民对美好生活的向往作为奋斗目标。

2017 年 11 月，广州石化工会率先开展了“解决小诉求，凝聚大力量”（以下简称“小诉求”）工作，作为工会贯彻“以人民为中心”发展思想的重要举措。本着坚持以员工为中心，坚持“全心全意依靠员工办企业”思想，把维护好员工合法权益作为工作的出发点，通过解决员工关心关注的热点问题、困难诉求，满足员工对美好生活的向往，不断提高员工的获得感、幸福感、安全感，提高企业的凝聚力。

二、主要做法

广州石化工会建立分级管理机制，建立车间（区域）、作业部（机关管理部门）、公司三级工会收集、处理、解决、反馈职工诉求等环节闭环管理机制。实现“小诉求不出班组，一般诉求不出直属单位，大诉求公司督办落实解决”的目标，并取得良好成效。广州石化工会通过3年的实践探索，不断总结经验、完善机制，逐步形成科学的工作流程和机制。

1. 建章立制管诉求

广州石化工会先后建立了周协调月部署机制、工会干部每人定期定点挂钩基层单位督导机制、解决诉求工作纳入党建考核机制、定期发布“小诉求”工作简报的通报机制、重大诉求列入公司年度重点工作全年督办机制等6项长效管理机制，保障解决诉求工作规范持续运行。像抓安全生产、工艺设备问题一样，抓好职工的诉求，确保达到诉求“事事有落实，件件有回音”。

▼ 2019年，通过“为职工办理八件实事”项目，为怡德苑181户解决了20多年来未能彻底解决的产权证问题

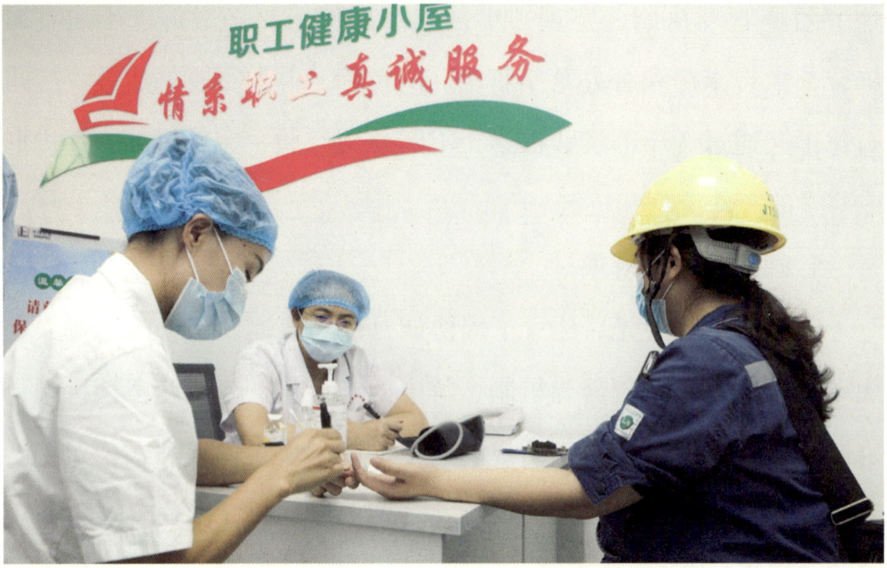

▲广州石化工会与亿仁医院体检中心开设了三个职工健康小屋，由医务人员为职工免费送医上门，为职工个性化解读历年体检报告，免费测量血压和血糖，并为职工进行慢性病预防健康宣讲，引导广大职工树立正确的健康理念

2. 聚焦难点解诉求

及时解决职工合理诉求，认真对待职工不合理诉求，有针对性落实一人一事思想政治工作和心理关怀。正确对待改革涉及的重大利益调整，难点诉求配合宣传，出台稳定风险评估方案，提早做细、做实思想工作，做好共性诉求集中处理，确保系列改革“无震荡”“软着陆”。

3. 融合互补促诉求

坚持“小诉求”工作以问题为导向，坚持做好收集、解决职工诉求与走访、慰问工作相结合，坚持解决职工诉求与心理关怀相结合，促进“小诉求”工作与生产现场融合、与职工思想融合、与企业文化融合，有效提高服务职工的精准度和覆盖面。

三、工作成效

1. 企业凝聚力大幅度提升

全方位收集职工诉求，及时回应职工的期盼。通过对职工“小诉求”进行分析，更好地了解职工所思所想，看到可能存在的隐患，及时做好引导，推动思想政治工作从“救火”向“防火”转变，使劳动关系更加和谐，职工队伍更加稳定，企业凝聚力大幅增强。

“小诉求”工作做到了顺应民意、温暖人心，实现了会聚民智、凝聚人心，增强了企业凝聚力，形成了“企业关爱员工，员工奉献企业”的良好氛围。广州石化为职工解难题的实际成效，激发了广大职工爱企建企的内生动力，构建企业与职工利益共同体、事业共同体、命运共同体。

找准工会在构建和谐劳动关系中发挥作用的切入点和着力点，通过解决基层诉求，职工对企业的满意度持续提升，近三年职代会上职工代表对公司领导班子的民主测评满意度从91.6%提升到100%。广州石化获得全国和谐企业、广东省五一劳动奖章。

2. 转变了工作作风

通过收集、解决（解释）职工的诉求，促进管理干部走进基层，贴近职工，对待职工诉求做到“小事放大”；从关心职工身边的小事入手，帮助其解决实际困难，办实事。群众看在眼里、记在心上，以往不愿意提、不敢提的诉求，现在都提出来，并且得到公司的重视。干群关系进一步融洽，群众观念进一步增强。

对于职工提出的小诉求，能解决的马上办，不能解决的都有所回应并加以解释。对于生产、经济管理等方面的小诉求，主动争取管理部室和领导干部的支持和帮助，真正打通了服务群众“最后一公里”，营造了良好的干群氛围。

以督办机制督促各个单位，一旦收到职工诉求就要快速办理，以“小诉求”办理促进解决诉求质量的提升，从而促进了“马上就办、办就办好”的工作作风的有效加强，并使其工作作风进一步改进。改变以往推诿扯皮的毛病，使工作效率和管理水平都得到了提升。

3. 彰显新时代工会的新作为

“小诉求”工作是工会践行习近平新时代中国特色社会主义思想的具体体现。解决职工诉求，能够满足职工群众对幸福生活的向往，

▼工人日报报道“小诉求”工作

工人日報

WORKERS' DAILY

中华全国总工会主管主办 工人日报社出版

2018 6月 6 日 星期三 农历戊戌年 四月廿三

国内统一刊号：CN11—0002 代号：1—5

中工网 http://www.workercn.cn

第 19722 期 （今日八版）

他让一口口濒临报废的油井

奋斗 最美职工

本报通讯员 程正才 本报记者 毛浓曦

坚定信念 栉风沐雨一路前行

“职工有困难找工会”有了升级版

广东工会试点“解决小诉求 凝聚大力量”

本报讯（记者叶小钟 通讯员黄敏琦 傅琦琦）在广东，“职工有困难找工会”有了升级版。广东工会已在试点企业广州石化进行了半年“解决小诉求 凝聚大力量”探索，成效初显。广东省总工会要求“努力打造响当当的品牌，创建企业工会示范点”，省工业工会委员会则决定在全省工业系统工会中先行推广。

“在企业，设备虽然非常重要，但人的思想更重要，要像重视安全生产一样重视职工的思想问题，重视回应职工诉求。”2017年11月3日，广州石化工会在全省率先开展“解决小诉求 凝聚大力量”活动，设立职工小诉求登记本，畅通职工诉求渠道，建立公司工会三级解释、解决职工小诉求的工作机制。活动得到公司支持，明确要求工会“既尽力而为，又量力而行”，确保员工诉求“事事有落实，件件有回音”。

记者走访广州石化了解到，一线职工的诉求再小也会得到重视，能解决的马上解决。有职工在登记本上提出“厂区内单车棚配置的打气筒有的丢失，有的损坏，希望能及时维护和更新”，工会第一时间跟进，新增加打气筒并由门岗统一管理。

只要诉求合理，再难也要想方设法解决。有职工提出“敬业北路路面坑洼泥泞，道路灯光不足，隧道雨天容易积水，职工上下班不安全”，公司对此分步骤解决：先组织人员清理了该路段的垃圾和杂草，填平路面的坑洼；然后，以公司为主，联合地方相关部门，对敬业北路的路灯进行全面检查和维修，对问题路灯全部进行了更换，并对路边排水系统进行疏通清理；强化管理，雨天安排人员负责警戒和引导……

对于个别职工提出的不合理诉求，工会认真做好释疑解惑工作。有人提出“日常工作忙，建议将工作场所的部分卫生业务外包”，公司回应，工作场所卫生是职工日常工作的一部分，需要大家共同参与和维护，不能因为工作忙而推诿责任。

诉求合理、但企业无法自主解决的问题怎么办？公司党委书记丘仲宜告诉《工人日报》记者：“要认真做好政策解释和思想引导工作，绝不能光解释而不解决。”例如，针对职工提出的“近3年来企业效益大幅增长，但职工收入增长幅度较小”的意见，由于广州石化工资总额由总部下发，企业无法自主解决这个问题。企业在主动向总部反映情况、争取总部支持的同时，总经理陈坚在职代会上专门就此事进行解释。

截至今年3月底，广州石化工会共收到职工（农民工）小诉求1077项，解决（解释）952项，在办理125项。职工小诉求的构成出现新特点：关注自身诉求的少了，关注企业发展的多了。与此同时，今年一季度的统计数据表明，广州石化呈现新变化：效益创历史新高；民主测评中职工代表对领导班子及班子成员的满意度大幅提高。

新华社记者 孙奕 朱超 席敏

从点滴到江河，从愿景到现实 蓄上合组织发展新动能

提高职工的获得感、幸福感、安全感，更好地团结带领职工群众听党话、跟党走，更好地立足岗位、奉献企业。自该项工作开展以来，得到了党政领导的高度评价、上级工会组织的充分肯定及推广，以及职工群众的欢迎和称赞。职工对工会组织的信任感逐步加强，“有诉求找工会”已成为职工的口头禅。

自“小诉求”工作开展以来，广州石化工会累计收到职工诉求 4767 项，已解决 4734 项，办结率达 99.3% 。该项工作得到全国总工会的高度肯定，先后被《工人日报》头版头条、中华全国总工会网站详细报道，并盛赞此为“职工有困难找工会”的升级版。广东省工会已经全面推广该项工作，并把它正式列入《广东省总工会 2020 年工作要点》。

树典型“三步走” 鼓士气助发展

北京石油工会

一、工作背景

近年来，北京石油工会认真贯彻落实习近平总书记关于“大力弘扬劳模精神、劳动精神、工匠精神”等系列重要讲话精神，做实、做细先进典型的培养选树和宣传工作，通过“重搭台、重服务、重宣传”三步走，激励和引导广大干部员工在学先进、赶先进、争先进中坚守初心使命、奋力担当作为，凝聚起推动企业发展的强大精神力量。

二、主要做法

1. 重搭台，促进各方面人才脱颖而出

“通过改造，仅长辛店油库的 13 个接油盒每年就可节约维修成本 3 万余元。”在 2020 年的“五小”创新成果评审会上，长辛店油库赵连福劳模创新工作室负责人、北京市劳动模范赵连福向评委介绍道。2020 年是赵连福参加北京石油“五小”创新活动的第 6 年。6 年来，他累计报送创新项目 13 个，其中 1 个项目获得首都职工自主创新成果二等奖、1 个项目获得公司职工创新成果一等奖，他也

▲北京市劳动模范赵连福积极开展“五小创新”带领徒弟自制压力开关

被大家戏称为油库设备的“守护神”。2015 年，赵连福被评为北京市劳动模范。

北京石油工会一直十分重视对先进典型的发掘工作，把开展主题劳动竞赛、岗位练兵、技术比武、“五小”创新等活动作为促进职工成长成才、催生先进的重要渠道和载体，在各类劳动竞赛中深入发掘各层次、各方面，尤其是在安全生产、油非互促、电商营销和转型发展中表现突出的优秀员工典型，让各类竞赛、比武成为发现典型、培养先进的丰厚沃土。近年来，公司工会先后组织开展“当好主力军、奉献在岗位、建功十三五”“苦干实干加巧干，建功立业创一流”“战疫情、保安全、促转型、比贡献”等 20 多项主题劳动竞赛，有重点地指导开展“大干200天，我为提质增效作贡献”“提高通过率，日增一吨油”“比服务、比整洁、比贡献”等以降本增效、促进经营管理任务指标完成为核心的劳动竞赛。围绕员工素质提升，开展“师带徒”劳动竞赛；围绕技术创新、管理效益提升，开展“五小”群众性创新创效活动；围绕安全环保中心工作，开展“安康杯”竞赛……用数据和成果说话，使选树的先进叫得亮、立得住。

2. 重服务，助典型成长成才

“主席，我们站的厨师已经到岗，做的饭菜也特别好吃，员工们可高兴了。”全国劳动模范、十里河加油站站长吕锦叶兴奋地跟分公司工会主席说，“刚跟您说完不到2天就解决了，您太给力了。”

北京石油工会在做好发掘先进选树的同时，不断丰富和完善劳

▼全国劳动模范吕锦叶教站内员工做好开口营销，提升非油品销量

模先进服务管理机制，做到政治上信任、工作上支持、生活上关心，让每个为公司作出贡献的人都受到尊重。2017 年，将全国劳动模范张松梅增选为公司工会副主席，同时扩大公司工会委员中一线劳模先进的比例，使更多的一线劳模先进可直接参与工会议事决策。做好劳模先进日常关心、关爱，制定各层级劳模先进联系制度，由公司工会干部联系省部级以上劳模先进、二级单位工会干部联系公司级以上劳模先进，定期与劳模先进沟通思想，帮助其解决工作上、生活上的难题，做到“工作变动必谈、工作任务完不成必谈、受到表扬或批评时必谈、思想情绪变化较大时必谈”，使劳模先进时时感受到组织的关注和关心。注重为劳模先进搭建成长平台，邀请劳模先进参与“公众开放日”“青年大讲堂”等活动，增强劳模先进的社会认知度和群众认可度，同时提高劳模先进的荣誉感、责任感和使命感，促进劳模先进不断提高自身素质并取得新的进步。建立劳模先进培养梯队，做到发现一批、培养一批、总结一批、储备一批，为先进典型的持续选树创造条件。

3. 重宣传，助精神发扬光大

“快来看，咱们站长上‘学习强国’啦！”2020 年 6 月 9 日，昊良加油站员工张立萍指着“学习强国”上一篇张松梅的报道激动地说道。

北京石油工会坚持用身边事教育身边人，积极做好对先进典型事迹的宣传，用典型事迹教育人、鼓舞人、启发人。昊良加油站站长张松梅是公司第一位全国劳动模范。表彰决定出来后，公司党委立即下发了向张松梅同志学习的决定，公司工会第一时间组织“劳

▲全国劳动模范张松梅做好易捷加油 App 推广，助力非油品销售

模事迹报告会”，拍摄《坚守初心 执着前行——记全国劳动模范张松梅》专题片，宣传和弘扬劳模事迹。先后出版了《身边的榜样Ⅰ》和《身边的榜样Ⅱ》，收录了公司 86 位各级先进的典型事迹，通过支部、班组组织全员进行学习。每年劳模月，常态化举办劳模事迹报告会、宣讲会、交流会、座谈会等，组织员工到劳模先进所在单位现场学习；利用电子屏、投影仪等新媒体工具，滚动播出劳模事迹，增强劳模先进的影响力、辐射力和带动力。“攻坚创效”行动开展后，公司工会注重发挥劳模先进在行动中的示范引领作用，先后推出《劳模张松梅跑出攻坚“加速度”》《吕锦叶：敢揽瓷器活，定有金刚钻》《有干劲站长郭金芝》《“精气神”小伙贺晓帆》《混时尚圈的站长尹钟葆》等多篇反映劳动模范在攻坚创效行动中站排头、争第一的宣传报道，使员工切实感到劳模先进可敬、可信、可学，有力地激发

了广大员工干事创业的热情。这些文章同时被“学习强国”、人民网、新华网等中央媒体同时刊登，在向全社会展示石化劳模风采的同时，树立了良好的企业形象。

三、工作成效

北京石油工会坚持聚焦企业改革发展中心工作，大力宣传培养选树勇担当、善作为，重实干、求实效，走在前、作表率的先进典型。截至目前，共有在职全国劳动模范 2 人、全国五一劳动奖章 1 人、中央企业劳动模范 1 人、北京市劳动模范 4 人、中国石化劳动模范 2 人、首都劳动奖章 2 人、全国工人先锋号 2 个、北京市先进集体 2 个、北京市工人先锋号 2 个，形成群星璀璨、“比学赶帮超”的生动局面。通过典型引路、鼓舞士气、凝聚力量，团结带领广大职工为公司决胜全面转型、开启全面领先进程贡献力量。

建设“五小+”
打造“感恩+互助+和谐+奋进”家文化

山东石油工会

一、工作背景

2014年9月，山东石油工会印发《基层“家文化”建设实施方案》，在机关及加油（气）站、油库、便利店等全面、系统地推进“家文化”建设。经过多年持续投入，已建成基层小食堂2408个、小菜园1423个、小书架1022个、小药箱1344个、小宣传栏2148块，有效改善了员工的工作环境与生活条件，提升了员工的发展潜能和幸福指数，增强了广大员工的凝聚力，提高了企业发展的竞争力。

山东石油党委高度重视关爱员工工作，提出大力传承石油精神，弘扬石化优良传统，进一步提升基层“家文化”建设水平，是贯彻落实习近平新时代中国特色社会主义思想的重要举措，是工会工作的主要着力点。按照党委部署，山东石油工会制定工作方案，细化配套措施，通过完善“五小”功能，建设“五小+”，打造“感恩+互助+和谐+奋进”基层家文化，持续开展更深层次、更有实效的关爱员工工作。

二、主要做法

1. 因地制宜，推进“五小 +”建设

一是持续推进、完善以小食堂、小菜园、小书架、小药箱、小宣传栏为主的基层库站“五小”建设。在前期“五小”建设的基础上，有针对性地修缮“五小”设施，提升“五小”质量，并持续推动“五小”全覆盖。二是鼓励、支持各基层单位因地制宜，推进“五小 +”建设。在条件允许的基层库站，建设小浴室、小宿舍、小活动室、小更衣室、小健身室、小荣誉墙等，进一步改善员工的工作生活条件，加强基层精神文化建设，满足员工对美好生活的向往，提升员工满意度和企业凝聚力。

▼把加油站的“小食堂”建设作为“五小建设”的突破口，陆续对各加油站进行了改造，建立了自己的小食堂

2. 贴心服务，丰富“家文化”建设内涵

树立“感恩＋互助＋和谐＋奋进”的“家文化”建设理念。通过温馨建家、平安保家、奋进兴家、和谐立家等系列建家措施落地、理念固化，开创基层“家文化”建设新局面。

感恩，即企业感恩职工、职工感恩客户。通过建立“走基层，访万家”长效机制，每年组织职工健康体检，落实带薪休假制度，按标准发放年节福利，夏送清凉、冬送温暖，开展身心健康讲座，组织职工生日、婚丧嫁娶、生病探视、退休离职慰问，发放职工子女考取大学奖励以及组织小型化、多样化的文体活动等，向广大职工传递企业的感恩和关爱。树立“客户至上”服务理念，以客户为中心展开经营，将最大限度地满足客户需求作为企业生存发展的重要手段，摒弃“等靠”观念，真心实意为客户服务；提升服务能力，用心用情为客户服务；丰富服务手段，耐心细致地为客户服务；倾

▼加油站时令蔬菜自种自给，瓜果飘香喜获丰收

▲精心打造家文化样板站，为职工提供丰富的业余生活

斜现场一线，同心协力为客户服务。

互助，即员工之间互相帮助，企业内部帮扶救助。机关部门、基层库站员工之间建立互帮互助机制，通过部门内部工作联动、员工之间困难互助、机关服务基层、管理部门服务经营一线，做到“我的问题你关心，你的困难我帮助”，县区公司真情服务基层员工，管理部门协同服务基层一线。同时，企业通过帮扶救助、志愿服务、大病医疗、就医绿色通道、金秋助学、互助资金等方式，帮助员工解决身边的实际困难。

和谐，即员工团结友爱，班组凝心聚力，集体荣誉感强。通过基层组织力提升工程、县区公司建设，筑牢县区公司“基石”，发挥基层党支部战斗堡垒作用和基层工会组织凝聚联系群众作用，打造执行高效、团结友爱的员工队伍。通过深化民主管理，全面审议涉及员工切身利益的重大事项，试点实施“1+3”集体合同，进一步落实《中国石化工会安全监督作用管理规定》，深化“安康杯”竞赛，建立工会劳动争议协调机制，大力构建温馨和谐的劳动关系。

奋进，即人人创先争优，使员工收入有所增加，企业能够持续发展。监督企业完善工资考核和二次分配办法，并向基层一线倾斜；围绕推进“算账文化”建设，帮助员工算清量效账、分配账、收入账；实现多劳多得，让员工切实分享增量创效成果。深入开展“比学赶帮超”活动、“四比四赛”等群众性劳动竞赛活动，激励员工创先争优为企业争荣誉、提量创效，为个人增收入。深化开展“师带徒”、岗位练兵、劳模工作室建设，指导员工成长成才、创新创效，从而打造有力有为的职工队伍。大力发掘在攻坚创效、防疫抗疫、绿企创建等中心工作中涌现出的劳动模范、先进典型，通过开展“十佳”员工、文明个人评比，印发年度光荣册，拍摄展播《我们身边的感动》《走进身边的榜样》《奋进的力量》等微影视作品，充分发挥荣誉奖励的激励和导向作用，打造奋勇争先的企业文化。

三、工作成效

山东石油工会经过多年的努力，初步形成了与公司改革发展稳定融合适配、干部员工和客户群众情感认同的特色“家文化”，营造了“心齐、气顺、家和、奋进”的企业氛围，助力山东石油实现扭亏脱困，为新阶段实现全面脱困翻身、迈向高质量发展奠定了坚实的文化基础和群众基础。

设立“讲习所” 宣讲有阵地

贵州石油工会

一、工作背景

2018年，贵州石油工会在贵州省总工会的指导下，在全省9个地市分公司分别挂牌设立了“新时代工人讲习所”，并下发了《贵州石油分公司抓实“新时代工人讲习所”工作实施方案》，明确讲习队伍、优选讲习内容、创新讲习形式，将“讲习所”打造成为党员干部职工学理论、用政策、促发展的重要载体和思想理论武装的重要阵地。

二、主要做法

1. 落实“讲习”责任

一是在每年初制订全年讲习计划，明确每季度开展一次讲习授课，严格讲习纪律，强化讲习运用，确保讲习所运行规范、组织有序。二是明确领导班子及各支部书记是讲习活动第一责任人，围绕讲习目标、任务和导向，在工作上层层传递责任，在学习上带头示范引领。三是以各支部书记、业务能手、劳动模范为讲习骨干，以少带多、以点带面，营造单位系统宣讲学习的浓厚氛围，推动形成单位讲习

▲贵州石油分公司“新时代工人讲习所”授牌仪式

所的影响力和吸引力。

2. 明确“讲习”队伍

坚持党员干部打头阵，模范员工当先锋，形成省公司党政领导带头讲，分公司领导班子经常讲，发动广大党员、员工大胆讲的讲习队伍。省、分公司党委领导通过到所属党支部、联系点党支部上专题党课，开展读书班及专题研习等方式带头宣讲；发动广大优秀党员、员工，结合自身岗位实际，既宣讲党的十九大精神，又讲述先进典型事迹，开展形势任务教育；将模范员工、先进典型、青年讲师及专家教授等吸纳到讲习队伍中，加大宣传力度，不断丰富讲习内容，扩大讲习覆盖面。

3. 规范“讲习”内容

严格按照“四讲四习”的要求，精心选择宣讲题材内容，确保讲习持续推进。一是通过领导班子上党课、实景课堂教育等形式开展党史教育、政治教育，使全体党员干部不断增强“四个意识”，坚定“四个自信”，做到“两个维护”，推动党的十九大精神和习近平新时代中国特色社会主义思想入脑入心。二是通过业务骨干、劳动模范讲习实践经历、技能提高、客户服务等，让先进人物亲述自身经历，用平实语言阐释深刻道理，用鲜活事例揭示事物本质，进一步强化群众意识、服务意识，以身边事感召身边人，弘扬榜样的力量。三是通过站与站、县区与县区之间的经验交流，搭建一个互相学习的平台，促进分公司内部之间不断深化各自的经营管理工作，提升基础管理、经营业绩和营销服务水平，从而不断更新观念，创新管理。

4. 创新“讲习”载体

一是完善设施做好固定讲习。通过不断完善讲习所视频系统、

▼六盘水市总工会宣传部部长徐桂红同志为基层站长进行了题为《工人权益保护》的宣讲，同时向参会人员发放贵州省工人“口袋书”

影音设备、阵地设施等软硬件设备，不断创新讲习的方式方法，以党员群众容易接受的方式，用直观表现开展精准讲习。二是结合形势任务教育内容开展流动讲习。深入宣讲习近平新时代中国特色社会主义思想和党的十九大精神，宣讲集团公司、销售公司及省公司重要会议精神等，进一步推动习近平新时代中国特色社会主义思想进库站、进班组。同时，每年选取集团公司劳动模范、基层销售能手、青年优秀员工、优秀共产党员等典型代表组成先进事迹报告团，在各地市分公司开展巡回演讲，其中“石化巾帼标兵”龙玉梅、刘凝还被邀请到六盘水市总工会宣教部进行事迹宣讲。三是创新采取多种形式生动讲习。先后开展党的十九大精神网络知识竞赛、百日攻坚创效暨绿色文化建设知识竞赛等活动；通过“学习强国”“奋进石化”和“奋进贵州石油”等微平台，组织开展学习，增强讲习实效。四是通过“集中讲习”、开展“读书会”等活动交流学习感受，

▼六盘水分公司特邀讲习员、党委书记、经理张琦为基层员工开展了题为《党的发展史》的宣讲，部分支部书记、县区公司经理、加油站站长参加了宣讲

深入学习讲习内容，分享学习心得，营造浓厚的学习氛围。

三、工作成效

2018 年以来，贵州石油工会采取“以点带面”的方式，把“新时代工人讲习所”作为宣传思想文化阵地建设的主抓手，以各基层党支部活动阵地为延伸，不断丰富“讲”的内容载体，深化“习”的实效成果，着力构建“阵地亲民、载体多样、内容规范”的讲习平台。2018 年至今，各地市分公司讲习所共开展讲习活动 604 场次，覆盖员工 14279 人次。

通过系列讲习活动，切实把党的精神和上级公司的重大工作部署、企业文化理念等准确传送给每一名员工。为深入宣传、贯彻党的十九大精神，帮助广大员工全面、系统、科学准确地理解并掌握习近平新时代中国特色社会主义思想，打造了相互学习、交流经验的良好平台，并获得了集团公司和省总工会的认可。2018 年 6 月，遵义市总工会张勇主任一行到遵义分公司海龙服务区工人讲习所指导工作，并对遵义分公司讲习所开展的工作给予高度评价；2020 年 5 月，邀请六盘水市总工会宣传部部长徐桂红到位于水城塔山加油站的“新时代工人讲习所”，为基层站长进行了题为“工人权益保护”的宣讲，并向参会人员发放贵州省工人“口袋书”。“新时代工人讲习所”现在已经成为贵州石油分公司培养先进的摇篮：2018 年以来，贵州石油先后获得省、市（州）工会集体及个人荣誉 48 项，其中省级荣誉 6 项，有 3 人获得集团公司级“劳动模范”荣誉称号，充分展现出贵州石油广大职工群众的风采。

“为了口罩　我们拼了”

燕山石化工会

一、工作背景

燕山石化工会积极发挥工会组织群众工作优势，激发广大职工服务公司生产经营的积极性、主动性、创造性，围绕公司中心任务，从不同侧面深化竞赛活动主题、强化方案设计，组织开展专项劳动竞赛。

2020年2月，在全国新冠肺炎疫情防控最吃劲的时候，口罩核心材料熔喷布供不应求、价格暴涨，市场上出现“一罩难求”。人民有需要，国企勇担当。2月24日，在全国抗击疫情的关键时刻，燕山石化贯彻落实习近平总书记加紧生产疫情防控物资的指示精神，按照党中央、国务院以及中国石化集团公司党组的决策部署，全面投入熔喷无纺布项目。承担主要生产任务的合成树脂厂接到任务后迅速组建队伍，抽调精兵强将，把来自公司不同单位的61名同志集结在一起，全力以赴，攻坚克难，紧急跨界生产口罩核心材料熔喷布。

为了促进熔喷布项目的顺利建设投产，争取早日生产出合格产品，合成树脂厂工会号召熔喷布装置全体干部职工，振奋精神、攻坚克难，敢打硬仗，确保在规定时间内圆满完成组织交付的政治任务，为坚决打赢防疫防控的人民战争、总体战、阻击战贡献力量。为此，燕山石化工会会同合成树脂厂工会组织开展了熔喷布项目专项劳动竞赛活动。

二、主要做法

1. 明确目标，规范竞赛内容

熔喷布项目建设之初，合成树脂厂工会制定并下发了《关于开展熔喷布项目专项劳动竞赛活动的实施方案》，成立了以工会主席为组长，以工会副主席为副组长的劳动竞赛领导小组，将竞赛分为三个阶段。第一阶段为技术培训与考核竞赛阶段；第二阶段为开车

▼燕山石化工会坚持“国家需要什么，企业就生产什么，工会就服务什么”，助力熔喷无纺布项目生产大局

前的“三查四定”竞赛阶段；第三阶段为产品产出及稳定生产竞赛阶段。实施方案明确了各阶段的具体任务指标和考核评比办法。熔喷布装置通过班组会等，加大宣传力度，扩大竞赛的影响力，做到人人皆知、个个参与，并采用典型开路的形式，开展“每周一星”评选活动，充分发挥了先进典型的示范引领作用，为全面贯彻落实竞赛工作奠定了良好的思想基础。

2. 全程管控，确保竞赛实效

在生产准备阶段，开展技术培训竞赛。由于熔喷布装置的大部分操作人员未参与过化工生产运行工作，因此为进一步提高职工的操作水平，组织6名青年技术骨干结合设备厂家提供的资料，带头完成了生产技术资料编写工作，为随时介入生产做好充分准备。通过集中上大课、观看电教片、集中讨论等形式，组织全体职工认真学习相关资料，熟悉生产流程，并聘请行业专家、技术骨干进行技术交流，采取每日培训，进行日清日考竞赛方式检验学习效果。针对成绩偏弱人员组织集中帮扶，以便达到共同提高的目的，评定综合考核成绩前10名为该阶段竞赛优胜者，共评定优胜者50人次。

在全体操作人员和技术管理人员进入现场前，进行交工前的“三查四定”阶段，开展问题查找竞赛。首先，将技术人员分成两组，实施24小时上班制，每12小时一组，严格把控现场质量；其次，将每组汇总的问题清单化、数量化；最后，将解决问题作为竞赛的评价标准，从而调动技术骨干的积极性和创造性。

▲燕山石化工会会同合成树脂厂工会组织开展熔喷无纺布项目专项劳动竞赛活动

3. 持续提升，丰富竞赛内涵

四条生产线陆续顺利投产后，为保证产品质量，降低中副产品占比，坚决杜绝跑辊导致的布卷难以分开等影响正常生产的现象，开展熔喷布装置岗位操作竞赛，减少人为因素对熔喷布质量造成的不利影响。每月对全体职工进行岗位技能、实践操作考核，并在装置内公示考核结果。通过此项活动，进一步激发职工学习业务、钻研技术的积极性，使职工的业务水平有了明显提高。目前，在每个班组都有 1~2 名技术骨干和业务能手，为保障装置稳定运行奠定了人才基础。

组织装置开展合理化建议活动，对采纳的建议予以奖励。至今共征集、汇总各类建议100余条，通过“小建议”解决装置生产“大问题”。针对转动设备较多的情况，开展“我要安全”劳动竞赛，全体操作人员发现处理各类安全隐患78项。通过劳动竞赛，鼓励职工将认真负责和细心观察应用在日常巡检工作中，将岗位安全职责落到实处，有力保证了装置的安全稳定生产。

三、工作成效

通过不懈努力，2020年3月6日项目一期工程第一条生产线建成投产，3月8日一期工程第二条生产线建成投产，4月10日项目二期工程第一条生产线建成投产，4月15日最后一条生产线建成投

▼燕山石化两级工会主动服务熔喷无纺布项目建设，有力支援全国疫情防控和复工复产

产。燕山石化实现了“12 天建成一座厂”的行业奇迹和 4 条生产线相继一次开车成功、平稳生产运行。在不到两个月的时间里，在燕山石化工会的有力号召下，全体参建人员顽强拼搏、昼夜奋战、众志成城，圆满完成了 4 条熔喷布生产线的建设，为国家口罩核心材料产能突破、打赢疫情防控阻击战贡献了燕化力量。

截至 2020 年 10 月 30 日，熔喷布装置已安稳运行 239 天，累计生产熔喷布 1506.43 吨，可助力生产 12.48 亿只医用平面口罩。在全国抗击新冠肺炎疫情表彰大会上，中国石化燕山石化合成树脂厂因“硬核”跨界转产熔喷布和填补国内技术空白的“氢调法”熔喷料的成功研发，获评“全国抗击新冠肺炎疫情先进集体”荣誉称号，成为中国石化集团公司唯一获此殊荣的团队。

践行群众路线　牢记使命担当

齐鲁石化工会

一、工作背景

齐鲁石化工会以习近平新时代中国特色社会主义思想为指导，认真践行党的群众路线，创新建立职工代表联系人“三四五六”工作机制，重视民心、尊重民意、解决民事、顺应民盼，使扎根在塔

▼齐鲁石化工会坚持每季度召开职工代表联系人会议，面对面沟通交流，现场答疑释惑

槽根基里、流淌在管线纵横间的“草根智慧”成为“率先打造一流政治生态、率先打造一流炼化企业”的强大助力。

近年来，齐鲁石化的改革发展步入“快车道”，“瘦身健体”、专业化重组、“走出去”开拓市场等一系列推动产业提质升级的攻坚战陆续打响，历史遗留的老问题与快速发展造成的新问题交织，很多思想“疙瘩”、诉求和建议如果得不到及时化解和落实，势必会带来不稳定因素。齐鲁石化工会在公司领导层与广大职工之间搭起有效沟通的桥梁，探索建立了职工代表联系人工作机制。

二、主要做法

齐鲁石化党委高度重视职工代表联系人工作，构建了党委领导、行政支持、工会搭台、部门联动、代表参与的工作格局，在广泛研讨的基础上建立了“三四五六”工作模式。

1.“三级网络”保障职工话语权全覆盖

“三级网络”即公司、厂、车间三级职工代表联系人网络。目前共有公司级职工代表联系人 45 名、厂级 380 名、车间级 1268 名，职工足不出“户”即可表达诉求。

2.“四条通道”畅通意见建议表达渠道

“四条通道”即信息卡、石化通、邮件和电话联系沟通渠道。信息卡是常规渠道，内容包括意见、建议及思想动态分析。石化通是共享渠道，在工作群中即时分享经验做法，跟进公布意见、建议、答复进度等。邮件是培训渠道，在日常培训的基础上，设立每周一“邮”，通过局域网邮箱向职工代表联系人发送经济活动分析会内容、

▲职工代表联系人提出的关注职工身体健康建议有效落实，得到职工关注与称赞

“三定”工作方案等企业管理动态信息。电话是协调渠道，随时反映诉求，协调解决日常遇到的困难和问题。

3.“五大员”职责增强使命感、责任感

“五大员”职责即监督员、沟通员、参政员、宣讲员、示范员职责。监督员就是对涉及职工切身利益的“三重一大”事项和规章制度监督其落实是否到位。沟通员就是给职工思想“把脉”，真实、准确、理性地反映职工的意见和诉求。参政员就是围绕公司生产经营、改革发展、和谐稳定参政议政，提出建议。宣讲员就是积极向广大职工宣讲党的方针政策和企业重大决策部署，避免职工群众因信息不对称引发不稳定问题。示范员就是以身作则，率先垂范，积极建言

献策，做到一名联系人就是一面旗。根据职工代表联系人履职情况，施行“一年一评价，一年一推选”的动态管理机制。

4.“六步走”程序保障意见建议落实落地

“六步走”程序即意见征集、转交送办、处理答复、征询意见、沟通反馈、“回头看”督导工作流程。一是意见征集，职工代表联系人针对职工近期关注的热点问题进行调研，并认真分析、提炼，做到及时反馈。二是转送交办，工会汇总梳理反馈的意见和建议，移交并责成相关部门进行处理。三是处理答复，承办部门践行“马上就办”精神，于10个工作日内处理完结。四是征询意见，答复结果反馈联系人，征询其满意度及意见，根据征询情况进行完善。五

▼职工代表联系人现场对意见建议答复落实质量进行打分评价

是沟通反馈，通过定期召开职工代表联系人会议或恳谈会等方式，对职工代表联系人的意见和建议进行正式回复沟通，会后公开发布。六是“回头看”督导，定期组织职工代表联系人跟踪了解意见和建议落实进度，确保件件有落实，事事有回音。

三、工作成效

齐鲁石化工会从解决一个个具体问题做起，在发展中保障和改善民生，增强了职工群众的获得感、幸福感、安全感。2018 年以来，共征集三级联系人意见和建议 2000 余项，实现答复落实率 100%，答复落实满意率 100%。

1. 夯实“率先打造两个一流”的群众基础

齐鲁石化工会坚持问计于民、问策于民、问管于民，使各项工作能更充分地反映企情民意，如《绩效考核办法》《员工离岗安置实施办法》等涉及职工切身利益的规章制度，都充分听取、合理采纳了职工代表的审议意见，从而使执行开展得更顺畅，职工群众理解改革、支持改革、参与改革的氛围日趋浓厚。

2. 激发“率先打造两个一流”的内生动力

在生产经营过程中，通过职工代表联系人工作机制充分发挥职工的主力军作用，使“草根智慧”转变为生产力，既解决了生产中某些“瓶颈”问题，又丰富了职工自我价值实现的渠道，广大员工参与企业管理的积极性、主动性、创造性被充分激发。例如，“环保专业管理和专业环保管理齐抓共管促环保”“设置一周时间综合课程培训包”等建议得到了公司相关部门点赞和采纳，职工参与企业管理的自豪感、使命感更加强烈。

3. 积蓄“率先打造两个一流”的强大后劲

职工代表联系人意见和建议有一半以上涉及职工切身利益诉求，将答复落实到位，既回应了职工有效表达利益诉求、有序参与事务管理的期盼，也进一步提升了广大职工群众对企业的认同感和归属感。例如，在“四供一业”移交过程中，及时解决了公示物业服务范围及维修电话、社区路灯不亮、电费缴纳不方便等问题，既为“四供一业”按期移交作出了贡献，也赢得了广大职工的理解、支持和配合。

劳动竞赛“三抓三提升”为企业生产经营和高质量发展鼓劲助力

镇海炼化工会

一、工作背景

按照中国石化集团公司年度重点工作安排，特别是结合“百日攻坚创效”“持续攻坚创效”等活动，组织实施“当好主力军、奉献在岗位、建功创一流”主题劳动竞赛要求，2020年镇海炼化工会围绕公司“五提五争”（HSSE提级争先、产业提能争效、项目提速争优、管理提效争简、党建提质争强）重点工作和四场硬仗（疫情防控、大修改造、攻坚创效、基地建设），组织开展了“提升行为规范促装置平稳”“身边的数字化”“无废无异味工厂建设”“我为装置检修改造作贡献”及“百日攻坚创效”“持续攻坚创效”劳动竞赛活动，充分调动了各条战线员工的积极性、主动性和创造性，引领广大员工立足岗位、奋勇争先，坚定不移地为公司生产经营和高质量发展作出更大贡献。

二、主要做法

聚焦企业转型升级和提质增效，搭建劳动竞赛平台，坚持目标和问题导向，强化引领、优化机制、加强管控、加大激励，推动竞赛高质量、高效率、高水准开展，助推企业高质量发展。

1. 抓引领，提升竞赛组织水平

镇海炼化公司党政高度重视，要求工会把劳动竞赛作为工会重点工作，强化劳动竞赛顶层设计。其中，公司级劳动竞赛成立竞赛领导小组，由公司领导挂帅，专业管理部门协作，运行部党政领导和工会主席分工负责，一级抓一级、层层抓落实，形成了公司、运行部、专业管理部门“三级联动”模式，以确保劳动竞赛更有质效。运行部级劳动竞赛由二级工会牵头，成立竞赛领导小组，按职责分工开展劳动竞赛活动。同时，在工会主席例会、工会干部培训班等

▼ 2020 年第四届最强操作竞赛决赛现场：消气防技能比赛环节

场合进行宣贯，引导各级工会组织和广大员工在重点工作中更专注、更主动、更高效，从而促进劳动竞赛向公司中心工作聚焦。

2. 抓机制，提升竞赛立项水平

对近三年的群众性劳动竞赛工作进行调研分析，针对竞赛“层级多、项目多、质量不高、激励作用弱”等问题，提出“优化结构、控制总量、提升质量、加大激励”的工作思路，将劳动竞赛成果评审制改为竞赛立项制，修订完善劳动竞赛管理规定，强化竞赛选题立项，调整竞赛立项规则。针对群众性劳动竞赛，取消区域和班组层级立项，而是由运行部统一组织。注重团队绩效 PK，避免工作层层分摊，做到每个单位每年立项数不超过 2 项，实现竞赛立项结构优化、总量控制，从“广撒网”到“精准施策”，从而提升了劳动

▼ 2020 年“我为装置检修改造作贡献”劳动竞赛：催化装置大修现场

竞赛对中心工作的贡献度。

3. 抓过程，提升竞赛管控水平

立足竞赛实际，加强沟通、主动服务、全程跟踪，强化效果评估，明确奖励与成效挂钩，做到奖优罚劣、不撒“胡椒面”，从而有效调动了参赛人员的工作积极性，促进劳动竞赛精准发力，并实现精准管控。2020年是公司生产装置的大修年，公司层面围绕装置大修改造重点，精心策划了“我为装置检修改造作贡献”劳动竞赛，及时对各检修单位的“四个确保”目标实现情况进行实时跟踪、组织反馈、精准考评、兑现奖励，确保了39套装置、5234项检修改造任务按计划完成，创造了大规模疫情暴发情况下装置准点停工、准点检修、准点交回并一次开车成功的奇迹。同时，对存在进度滞后、质量不高等问题的参赛单位，加大考核、落实整改，杜绝了以往“旱涝保丰收”“考核不痛不痒”的现象，有效促进参赛人员的工作积极性。

三、工作成效

在公司工会层面，重点开展的5项劳动竞赛进一步激发了全体员工“坚定信心，不放松、不懈怠，为公司发展持续赋能”的干劲，助力公司实现扭亏为盈、持续攻坚创效的目标。其中，开展“提升行为规范促装置平稳”劳动竞赛，组织广大员工规范操作行为、强化操作技能、争做最强操作，以确保装置平稳运行。通过竞赛，使装置报警数量比2019年下降20%以上。开展“争先创优、合作共赢”镇海基地建设劳动竞赛，完成新建乙烯装置基础设计批复、长周期设备订货等14个关键节点，为项目开工、全力冲刺“决胜6·30”

目标创造了先期条件。

在基层单位工会层面，广泛开展群众性劳动竞赛，引领广大员工精耕细作，在岗位建功，为公司双战双胜、提质提效作出贡献。例如，炼油一部开展“科技攻关挖潜力、开源节流创效益”劳动竞赛，完成攻坚创效 16761 万元，超出考核指标 10149 万元，超出目标 1.5 倍，攻坚创效高质量完成。炼油五部开展“我为装置做优化”创新创效劳动竞赛，深挖装置降本增效潜能，年创效 8900 多万元。化工部开展“勇担当、善作为、提质增效创一流”劳动竞赛，成功研发聚烯烃产品 0.14mm 减薄包装膜，并投用 8 条包装线，每年降低成本约 1500 万元；聚烯烃产品立体库节约预算 5000 余万元，攻坚创效成效显著。

▼基层工会“勇担当、善作为、提质增效创一流”劳动竞赛：聚烯烃新产品立体库存放

听民声　汇民智　解民忧　促发展

上海石化工会

一、工作背景

职代会提案工作是职代会行使企业民主管理和民主监督的一种重要形式，是广大职工关心企业建设和发展的具体体现，是促进管理体制改革和决策民主化、科学化的主要渠道，是职代会代表反映员工意见建议的重要平台。近年来，在上海石化党委的正确领导下，公司工会按照“着眼全局，围绕中心、抓住关键”的原则，将职代会提案办理作为工会工作的重点内容，圆满完成了对职代会期间收集到提案的办理工作，推动了广大职工群众关注热点问题的落实解决，形成了“听民声，汇民智，解民忧，促发展”的良好氛围。

二、主要做法

1. 统一思想，高度重视，进一步深化对提案工作的认识

每年召开职工代表大会是上海石化全体职工政治生活的一件大事。在会上，来自不同单位、不同岗位的职工代表从各个方面向公司提出建议和提案，代表基层职工的呼声，反映基层职工的热点和

难点问题，也体现了职工代表和广大职工群众对企业管理工作的关注、关爱和期望，对我们及时发现和纠正工作中存在的问题、改进工作作风、提高工作效率、保持同职工群众密切联系，有着极其重要的作用。因此，公司领导高度重视提案办理工作，在职代会召开两周内，让各单位团组梳理代表在讨论过程中反映的具体问题和建议，并通过督办系统给予落实处理。对于代表提出的书面提案，公司领导高度关注，并根据提案内容明确落实部门办理。

2. 创新方法，务求实效，进一步提高办理工作质量

每年，上海石化工会都积极主动参与到提案、建议和意见的办理工作中，认真研究、及时办理和回复，确保提案、建议和意见办理工作的全面落实。总体来说，我们的提案办理工作呈现四个特点：

▼提案预审

▲职代会提案集体答复会

一是个人预审夯实基础。在职代会召开前两个月，我们就将征集职代会提案的通知和提案单下发到各职代会代表团组，并在职代会闭会后两周内完成对所有提案的收集，在随后一周内移交专家组成员分别对提案作初步预审。二是集中审理达成一致。在个人初审基础上，召开提案审理专题会议，对每项提案逐条分析解读，形成统一意见后，确定采纳实施的提案及对应的完善补充建议。三是不予受理及时答复。对不予受理的提案，由提案审理委员会联合专家组成员，积极与相关职能部门、部分职工代表进行沟通，形成书面答复，并通过二级单位向职工代表及时反馈。四是启用网上督办流程。通过建构《上海石化职代会提案督办》网络流程，使涉及多部门落实的提案能够同时得以答复，减少了原有纸质提案单递送环节，不仅加快了提案的流转速度，也减少了提案单遗失的风险，这是通过数据流程化平台进行提案办理的一个新突破。

3. 强化组织，落实保障，进一步提高办理工作水平

在整个提案办理、落实过程中，都会畅通信息沟通渠道，让职工代表大声说话，以促进提案落实职能部门和提案人之间的良性互动。

每年上海石化在年中职代会联席会议上，对提案进行集体答复的公司相关职能部室负责人都会就当年度提案落实情况和代表逐一交流。除此以外，部分职能部门还通过召开提案专题座谈会、实地巡访沟通等形式加强与代表的沟通交流，通过点面结合，有序推进了提案的落实，得到职工代表的充分肯定。

上海石化工会通过巡视评估员来加强职工代表与落实部门之间的沟通联系，公司相关职能部门负责人就职工普遍关心和关注的热

▼职代会提案审理工作报告

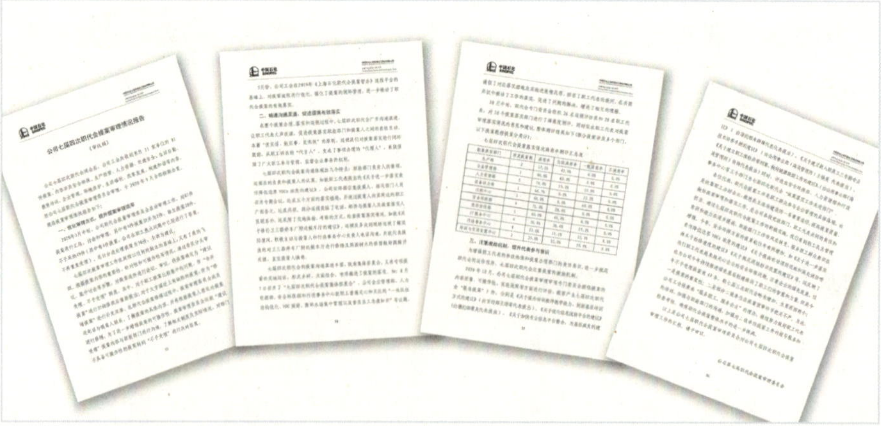

点问题，与提案人、巡视员等开诚布公地进行面对面沟通，并征求与会职工代表的想法。职工代表畅所欲言，充分发表意见建议，为提案的有效落实谏言献策，有效促进了问题的解决，增进了相互之间的理解。

上海石化工会每年还组织职工代表对职能部门的提案落实情况进行满意度评价，如七届三次职代会提案共涉及12个职能部门，提案落实的满意和比较满意率达80%以上。

三、工作成效

上海石化工会通过对职代会提案工作的积极实践，使广大职工代表的主人翁意识不断提升，更加积极主动地立足岗位，围绕中心工作，为企业发展建言献策。公司的党政部门也高度重视职工代表提出的意见和建议，通过调查、分析及专题讨论，研究落实代表所反映的实际问题并予以答复，构建了和谐劳动关系，推动了企业高质量发展。

织密三横四纵保障网　夯实职工生活防火墙

中韩（武汉）石化工会

一、工作背景

《中共中央关于加强和改进党的群团工作的意见》对于工会组织完善保障服务体系提出了明确要求。随着企业内部改革的不断深化，企业职工对工会组织充分履行保障维护职责的期盼不断增强，

▼真诚关爱离退休老同志

建立和健全职工保障服务体系，既是新时期落实职工权益维护的需要，也是工会工作创新发展的需要。

二、主要做法

“三横四纵”保障网是指中韩（武汉）石化工会保障救助体系中的三道“横向保障堤坝”和四道“纵向保障防线”基本架构。三道“横向保障堤坝”是指由公司行政主导，以落实政策性保障要求为重点的保险和救助制度，具体包括基本医疗保险和大额医疗保险、企业补充医疗保险、帮困救助制度。四道“纵向保障防线”是指由公司工会主动作为、为职工保障“锦上添花”的四项保险，具体包括在职职工互助合作保险、职工重大疾病住院互助医疗保险、武汉市职工住院医疗互助、武汉市职工安康保险。

“三横四纵”保障体系的主要功能是医疗保障和帮困救助，以最大限度保障职工生活安全与生活质量。

1. 立足长远，稳步推进“三横四纵”保障体系建设

从保障职工健康权益、提高职工生活质量的高度出发，从 1994 年到 2012 年，公司工会先后组织职工参加了武汉市城镇职工基本医疗保险和大额医疗保险、武汉市职工安康保险、武汉市职工住院医疗互助；公司内部先后建立了企业补充医疗保险、职工重大疾病住院互助医疗保险、职工互助合作保险，实现了公费医疗向“保险医疗”的平稳过渡，职工医疗负担持续减轻。同时，公司工会还制定了兜底性的帮困救助管理办法，建立了规范化的帮困救助机制。“三横四纵”保障体系，在经济社会的发展变革中稳步推进，不断完善。

2. 相互支撑，发挥“三横四纵”综合保障优势

“3+4”保障体系的、三道“横向保障堤坝”和四道“纵向保障防线”是层层递进、相互支撑、紧密相连的关系。基本医疗保险和大额医疗保险让全体职工在患病就医时，能顺利享受医保统筹支付；企业补充医疗保险对职工住院医保内自付费用，按较大比例进行赔付；帮困救助基金对所有因灾、病造成生活困难的职工应帮尽帮，为困难职工维持正常基本生活兜底。

四道“纵向保障防线”对三道“横向保障堤坝”进行了支撑加固，有效减轻了职工就医的费用负担。互助合作保险侧重对大病大灾造成的困难进行救助补偿。重病住院互助保险对职工全年的住院基本

▼疫情防控期间帮扶慰问不停步

医保费用、自费费用超过免赔额的部分，分别按相应比例给予赔付，对患恶性肿瘤职工给予一次性病种补偿。武汉市职工住院医疗互助对职工每次住院的基本医保费用分三个区段，分别按相应比例给付互助金。参加武汉市职工安康保险的职工，在符合病种的前提下，该保险对职工住院医疗费用给予一次性赔偿。

有了完善的保险救助机制，职工重大疾病的医疗负担基本被化解，“三横四纵”保障网突显出“3+4 > 7”的综合保障优势。

3. 健全机制，“三横四纵”保障体系规范高效运行

加强组织领导，做到上下联动。公司层面成立了保障救助领导小组，主管保障制度、计划的审核，研究有关重大问题的解决方案；领导小组下设办公室，协调处理日常事务；各二级单位成立工作小组，落实各项保障服务措施。形成了公司领导小组全面抓、工作办公室直接抓、各单位工作小组具体抓的组织领导格局，做到了齐抓共管、上下联动、保障有力。

完善三级审核机制，压实帮扶主体责任。一级责任主体为公司保障救助领导小组。负责制定、修改管理办法；救助金的筹集和使用审批；听取审议救助金年度工作报告；研究决定保障救助重大事项等。

二级责任主体为公司保障救助工作办公室。负责组织讨论、审议保障救助事宜，提出工作建议；公示审定的救助名单与救助额度等。

三级责任主体为公司各二级单位保障救助工作小组。负责审核本单位困难救助申请资料以及其他保障救助事项；向公司保障救助工作办公室报送相关申请材料。

分类精准帮扶，落实兜底保障。坚持按特别困难、一般困难、临时性困难进行分类，每年组织春节、五一、十一“三大节”的集中帮困救助活动和金秋助学活动，按不同标准给予帮扶救助。对因病、因灾、因残导致长期特别困难的人员，采取公司领导结对帮扶或按月给予定额帮扶金的方式进行帮扶。

三、工作成效

长期以来，中韩（武汉）石化工会“三横四纵”保障体系在维护职工切身利益、促进企业稳定和谐方面发挥了不可替代的作用。三道“横向保障堤坝”和四道“纵向保障防线”，为公司职工有效地

▼普惠型福利温暖人心

防御了因身体疾病强加的威胁，抵挡了因意外灾祸造成的打击，化解了因人际变故带来的侵扰。特别是对患重大疾病职工，从根本上消除了巨额医疗费用无法承担、有病不敢看的担忧，他们的住院医疗费用重担都能轻松卸下，有的大病甚至可以降到“零负担”。有了这张保障网，职工看病放心、工作开心、生活舒心。因此，“三横四纵”保障网构筑了职工幸福生活的“防火墙”，成为幸福企业的生动注脚。

职工代表积分管理

南化公司工会

一、工作背景

职工代表作为企业民主管理的主体，既是员工的代言人，又是企业的参谋员，有着举足轻重的作用。为改变部分职工代表应付了事的负面形象，南化公司工会针对部分职工代表政治意识不强、参与企业民主管理热情不高，服务意识不强、不能及时反映员工热点、困难和诉求，大局意识不强、只满足完成本职工作，代表意识不强、“举举手划划票鼓鼓掌”等问题，积极探索职工代表管理的新形式、新途径，开展了职工代表积分制管理工作，建立考核激励机制，促进职工代表履职尽责。

二、主要做法

1. 高度重视建机构

南化公司工会主席为负责人，两级工会组织干部为具体工作人员，公司级职工代表为考核管理对象。

2. 深入调研定制度

广泛调研论证。南化公司工会对照省、市及中国石化党组关于对职工代表的管理要求，结合《南化公司职工代表大会实施细则》，经过多次调研、讨论，两次全面征求二级单位工会和职工代表意见，三次大范围修改，于 2017 年 7 月制定、下发了《南化公司职工代表积分制管理办法（试行）》（以下简称《管理办法》）。

实施量化考核。《管理办法》进一步明确了南化公司职工代表队伍建设目标，认真梳理了职工代表履职内容并设置考核项，细化履职标准，区分每项内容实施的难易程度并确定不同加、扣分值，由公司工会、二级单位工会每月逐项打分。

强化直观比较。《管理办法》统一了职工代表履职内容和标准，统一了考核尺度，让职工代表在同等条件下进行直观比较。对组织

▼职代会举手表决

来说，通过考核管理能及时掌握职工代表的总体表现，区分优秀和不足；对个人来说，可以明确知晓作为职工代表应该做哪些事、怎么做、做到什么程度，有利于提高代表意识和履职能力。

严格记录考核。公司工会负责考核职工代表参加职代会、培训、提案、民主测评、民主巡视、民主管理等内容；各二级单位工会负责考核职工代表宣讲形势任务、信息传递、反映和跟踪解决员工困难、履职情况通报、本职工作表现等内容。公司工会对二级单位工会的考核情况进行抽查，纳入二级单位工会工作绩效考核。

3. 广泛宣讲严考核

南化公司工会加强制度宣贯，明确责任划分以做好考核工作，确保制度落地生根并见成效。举办职工代表培训班，向职工代表宣讲《管理办法》，组织工会干部学习、讨论。在二级单位工会主席月度例会上，公司工会对如何及时、规范考核职工代表进行讲解。

▼签订《集体合同》

▲职工代表参加《集体合同》协商

4. 督促履职尽责任

南化公司工会鼓励职工代表通过多种渠道参与企业民主管理，并广泛搭建民主管理平台，组织职工代表参与，对参加的每项活动进行记录并考核打分。在此“指挥棒”下，职工代表积极审议企业重大事项，维护员工合法权益；参与日常民主管理活动，如总经理与职工代表民主对话会、工作餐质量督查等；参加厂务公开工作检查，督促做好生产经营、重点业务、人事任免、先进评选等方面的公开工作，维护员工的知情权、监督权；向身边员工做好宣讲，把企业生产经营状况和面临的形势任务向员工讲清楚；完成好本职工作任务，在本职岗位上奋发有为，体现职工代表的先进性，做出示范和表率。

5. 表彰先进促提升

以职工代表积分制考核周期为一个自然年，各二级单位工会年底前将本单位职工代表考核结果报公司工会，公司工会在次年初职代会召开前对每名职工代表进行量化评分、排序。对积极参加民主管理活动，为企业分忧、替员工说话、得分领先的优秀职工代表给予表彰奖励。公司每年表彰优秀职工代表，为全体职工代表树立了标杆。

三、工作成效

1. 参加民主管理的积极性和主动性进一步提升

职工代表提案同比增加15%，立案同比增加35%。在督查工作餐质量，采购会员慰问品、生日蛋糕和夏季清凉饮料，监督劳保用品质量等工作中，主动为员工服务，受到了员工的认可与好评。

2. 履行职工代表职责的意识进一步增强

职工代表主动到基层收集信息，解决员工提出的小诉求。如职工代表反映员工子女暑假期间无人照看，南化公司工会经过考察，委托第三方开办暑期托管班，两年来托管了30余名员工子女。

3. 为员工维权服务的意识进一步展现

职工代表积极反映员工诉求，为员工争取利益，协调实现了上调工作餐标准、调整健康体检项目、延长活动中心开放时间、优化班车运行路线等。

职工代表积分管理工作，先后被评为南京市总工会创新工作二等奖、中国能源化学地质工会“工会工作优秀项目”、南京市企业管理现代化创新成果二等奖。此经验还被江苏省总工会、中国石化集团公司工会工委、江苏省机冶石化工会进行了全面推广。

打造“指尖上”的职工之家

广州（洛阳）工程公司工会

一、工作背景

随着信息技术的发展，互联网已经逐渐渗透到每一个工作领域中，并深刻影响着人们的思维方式、工作方式和生活方式。在实践中，广州（洛阳）工程公司工会主动变革，将工会组织业务与员工数据、外部事物等有机整合到一起，既提升了工作网络的价值，又更加充分地运用了职工力量，为公司发展提供了强有力的支持。同时借助互联网打造职工之家，在真正意义上打破了时空限制，为员工群体提供针对性服务，从根本上解决了员工生活和工作中面临的实际问题，让员工能够抛开所有后顾之忧参与到工作当中，为公司创造更多的价值。

二、主要做法

广州（洛阳）工程公司工会借助以移动互联、大数据为主的信息化手段，为加强工会信息和数据资源在工会组织管理、服务职工群众中的集成应用，建立了一套以“工会信息数据共享、服务职工

▲“图解职代会”易于领会，简单高效

群众快捷便利”为核心的“互联网＋职工服务”工作模式，有效夯实了工会的工作基础，大大丰富了工会组织联系职工、服务职工的载体，拓展了工会的工作空间，形成了工会工作“线上”和“线下”深度融合、齐头并进的立体化格局。

1. 依托新媒体手段，畅通“零距离”沟通新渠道

通过微信公众平台，每个季度围绕公司各阶段重点工作确定一个主题，征集、评审、表彰和推广“一季一主题”合理化建议。具有推广和应用价值的建议，可通过网络征集平台随时提出，广大职工参与公司管理的热情持续高涨；与职工开展互动式教育，积极沟通、平等交流，及时回答职工关心的热点问题，大大加强工会宣传工作的亲和力，使宣传工作深入人心，从而达到维护职工的切身利益，构建和谐劳动关系，推动企业稳定发展的目的。

以同步展播的方式，实现了职工在网上“参加”职代会。同时策划“图解职代会”系列，通过深入浅出的图片向职工解读职代会精神，既易于领会，又简单高效。搭建引领职工建功立业的新载体，“劳模之家”广泛宣传公司各级劳模的高尚风格和先进事迹，充分发挥劳模的集聚效应、辐射效应和品牌效应。设置劳动竞赛典型经验分享，指导、督促各分会开展形式多样的职工技术比武、岗位练兵活动。

2. 实施线上线下互动，打造数字文体活动新平台

充分发挥新媒体快捷、灵活、新颖的优势，融合工会网站、微信号、微信群等宣传资源，打造微信版《竹园》等宣传品牌，倾听职工真实的声音，记录职工真实的情况，讲述职工真实的故事，满足了职工的精神文化需求，深受职工的好评和喜爱。

▲篮球决赛现场正在通过手机客户端直播

组织开展美文、美图、美景、美声“四美”迎中秋庆国庆网上书画、摄影、好声音展，800多名职工积极参与投稿；通过互联网手机客户端和工会抖音号，对公司篮球、足球联赛进行现场直播，使施工现场的职工也可以观看比赛，增加了员工的参与感；开展以“工作无极限、挑战无止境”为目标的首届吉尼斯体育云端挑战赛，1500多名员工参与挑战，开创性地使用抖音短视频平台作为参赛视频的发布平台，让大家真正感受到工作中有娱乐，生活中有快乐。

3. 依托互联网，不断探索服务职工的新窗口

依托互联网，采取“节日慰问”网上员工自主选，推出弹性福利制度，让员工有更多的路径找到家、享受家的服务。员工可以根据自己的需求选择福利项目，这样就满足了员工的不同需求，从而

提高了福利计划的适应性。由员工自行选择所需要的福利项目，既有助于节约福利成本，也有助于增强福利物品的适用性，使员工对企业福利的认可度大幅提升。

建立网上服务员工机制，利用现有媒介资源定期开展普法宣传、交友联谊、工会知识竞赛、安全隐患随手拍等形式多样的网络“微活动”。

4. 借助在线工会，开拓工会组织建设新模式

▲“工作无极限、挑战无止境”首届吉尼斯体育云端挑战赛

“工会之窗”网站是公司工会实现工会工作纵向互动、横向交流的信息化管理系统，实现了工作指导、动态速递、上传下达、经验共享、展示先进五大作用。公司各级工会干部通过网站可以对工会工作、各项公司制度和法律法规进行在线查询，实现了资源共享、规范高效、协同一致，使工会工作标准化作业、制度化管理、规范化服务水平得到进一步提升。

“上级工会的最新精神”“工会的年月周工作安排”……这些信息同样在网站上实现了一键查询。只要打开网站，就可以依据自己的需要找到相应的内容。许多工会干部亲切地评论道：“这是我们工会同志开展工作的掌上宝典。”

三、工作成效

广州（洛阳）工程公司工会依托互联网创新工作载体，建立了一支懂互联网、有新媒体技术、会电脑操作，同时也熟悉工会工作的人才队伍。工会工作更加突出服务特色，围绕中心、服务大局，强调贴近职工需求，注重职工的反馈和互动。在表达方式上，顺应“双微”发展特点，以直观的方式和亲切的语言贴近职工群众；从方便职工出发，将服务职工的平台搬到网上，并向移动互联网延伸，打造“指尖上的职工之家”，对线下工作流程进行优化重组，建立配套机制，使线上线下相互促进、有机融合；努力实现工会内部信息共享，以信息数据库为基础建立平台，打破空间和部门限制，提升工作效率，为公司在新平台上的高质量发展贡献智慧和力量。

树“技术运动会”品牌　促岗位大练兵水平

宁波工程公司工会

一、工作背景

为贯彻落实党中央、国务院颁发的《新时期产业工人队伍建设改革方案》精神，中国石化宁波工程公司以“素质工程”“能力工程”“文化工程”和“保障工程”建设为抓手，大力打造符合企业发展需求的知识型、技能型、创新型员工队伍，并取得显著成效。由宁波工程公司工会主办的“职工技术运动会”，作为公司员工队伍“能力工程”建设的支撑项目，在近几年呈现出“提高政治站位，党建引领切实强化；对接省市大赛，竞赛规格不断提升；融入中心工作，赛事安排紧扣需求”等特点，已经成为公司产业工人队伍建设改革的重要举措和手段。

二、主要做法

“职工技术运动会”是公司工会一项创办多年的品牌工作，至今已举办四届。近年来，公司工会在办活、办实、办精运动会上下功夫，竞赛项目覆盖公司所有专业和工种，每届参与员工平

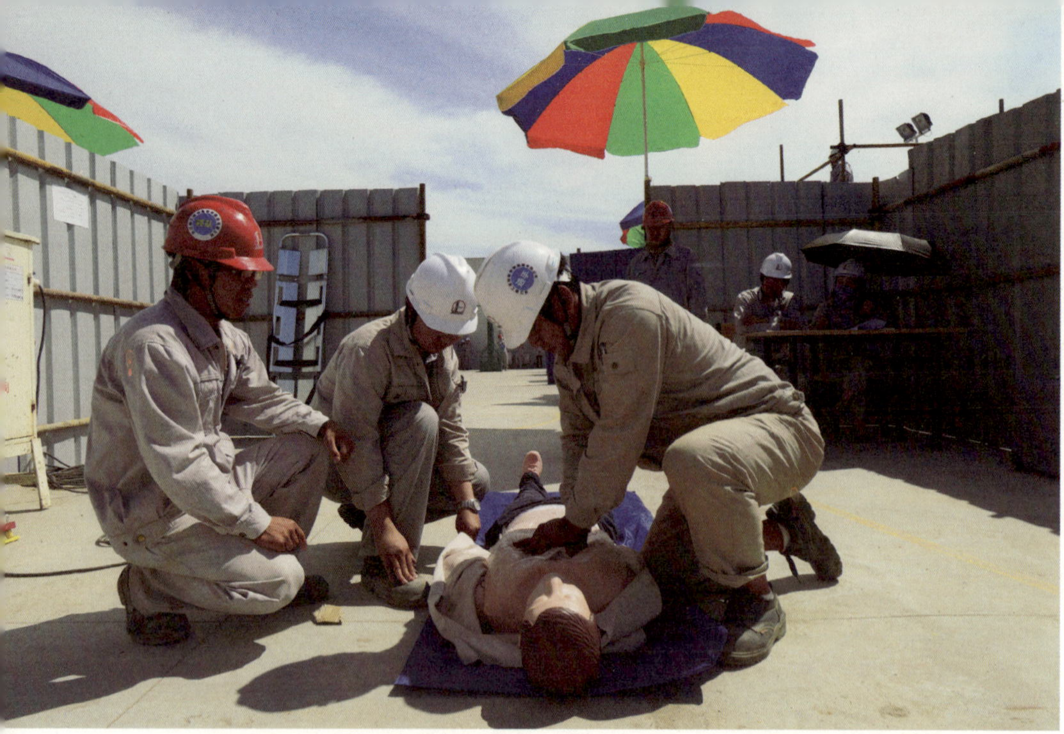

▲2020年6月24-25日，宁波市总工会主办，宁波工程公司承办的宁波市第三届职工技能大赛安全管理专业竞赛在浙江舟山鱼山岛承建浙江石化项目现场举行，为浙江省重点项目建设送去了安全技术、安全理念和安全文化

均1000多人次，焕发出崭新的生命力，为广大员工技能登高搭建了广阔舞台。

1. 提高政治站位，强化党建引领

把贯彻落实习近平新时代中国特色社会主义思想、习近平总书记关于产业工人队伍建设的重要论述，作为办好“职工技术运动会”的行动指南，以提高政治站位，坚持党建引领。主动向公司党委专题汇报“职工技术运动会”筹备和开展的情况，落实公司党委对深化公司产业工人队伍建设改革的具体要求；成立以公司党委分管领导为组长，各单位党政负责人为成员的“职工技术运动会”领导小组，加强对各项赛事的统一领导；在“职工技术运动会”的组织实施阶段，既发挥好公司工会的总体组织协调作用，又充分依靠基层党组织的大力支持和紧密配合，为“职工技术运动会”的顺利开展奠定了坚强的政治保证和组织保障。

2. 对接省市大赛，提高赛事规格

从 2018 年开始，公司“职工技术运动会”的竞赛项目主动与省、市总工会的职工职业技能竞赛对接，积极主动做好省、市级技能竞赛项目的申办与承办工作。目前，公司“职工技术运动会”的竞赛项目已形成“五个层级”“三个序列”。五个层级是指省级技能赛、市级技能精英赛、市级技能群英赛、公司级技能精英

▼ 2020 年 7 月 28 日，宁波市职工技能群英赛设备专业竞赛在宁波工程公司培训中心举行，经过筛选，26 名技能人才同台竞技

赛和公司级技能群英赛；三个序列是指管理类竞赛、设计类竞赛和操作类竞赛。截至 2020 年 10 月，公司“职工技术运动会”共承担省级技能竞赛 1 项、市级技能竞赛 11 项，组织开展公司级竞赛 32 项。

在提高竞赛规格的同时，公司还同步提高比赛中拔尖选手的奖励规格，在省、市级各竞赛项目中的第一名分别申报“浙江省金蓝领”“宁波市首席工人”和“宁波市技术能手”的基础上，市级“群英赛”和公司级“精英赛”的第一名直接被推荐为公司年度“明星职工”候选人，公司级“群英赛”第一名被授予“公司技术能手”称号，进一步激发了广大职工学技能、钻业务、练绝活的热情。

3. 融入中心工作，紧扣实际需求

一是结合重点工作办竞赛。智能化设计是公司建设智能高效型企业的重要环节。对此，“职工技术运动会”相继安排了“智能化设计创新大赛”“智能化技能运用竞赛”等赛事以呼应公司发展需求，“智能化设计创新大赛”更被列为公司级“精英赛”，从中涌现出的创新成果经专家鉴定，具有广阔的应用前景和良好的经济效益。公司工会还专门为优秀成果举办发布会，取得了良好效果。二是结合项目建设办竞赛。每年的“安全生产月”都会在公司的重点项目现场举办“安全管理技能竞赛”，来自公司各单位、兄弟单位以及分包商单位的现场安全管理人员、班组长均可参加比赛，对于强化项目安全管理骨干的安全意识和管理技能，起到了积极的促进作用。三是结合队伍建设办竞赛。近年来，随着公司自有施工队伍的年龄老化及转型加快，各专业公司的施工实力呈下降趋势。为此，“职

▲ 9 月 25 日在宁波工程公司举行宁波市职工技能电气设计群英赛，现场选手正在计算机答题

工技术运动会”专门安排了铆工、管工和起重三大主力工种的技能竞赛，在一线队伍中再次掀起学技术、比技术的热潮，深受基层单位欢迎。

三、工作成效

宁波工程公司工会通过举办“职工技术运动会”，极大地弘扬了劳模精神、劳动精神、工匠精神，也切实促进了岗位练兵水平的不断提升，推动了优秀岗位技能人才的不断涌现。通过“职工技术运动会”，公司产生了浙江省“金蓝领”1 人、宁波市劳模 1 人、宁波市“五一劳动奖章”获得者 1 人、宁波市首席工人 2 人，各级工匠 5 人、各级技术能手 30 余人。通过“压力容器设计竞赛”等设计类技能竞赛，使设计人员中、高级职称占比提升到 65%，持有国家级注册证书的设计人员比率达到了75%以上，为公司的资质维护和人才培养提供了有效保障。“职工技术运动会”为公司项目建设提供了强有力的人才支持和保障，公司承接的总承包项目的所有重大项目节点全部圆满完成，工程质量合格率达100%。

第二章

优秀工作法

运用“大平台、小前端”模式
打造胜利职工心理健康服务品牌

胜利油田工会

一、工作背景

胜利油田工会针对油田职工心理健康服务覆盖不全、质量效果不高、融入中心不强等问题，依托工会职工服务“大平台”，打造精准心理健康服务“小前端”，通过建体系推进、用人才支撑、以价值引领，促进企业劳动关系和谐稳定，凝聚油田发展力量。

二、主要做法

1. 建起心理健康服务“大平台”，构建心理服务体系

从服务油田发展大局、服务职工群众需求、提升职工幸福感出发，构建“网格化工作队伍、智能化快速响应、常态化多元服务、长效化陪伴成长”的服务模式，形成了符合油田实际的具有胜利特色的职工“心灵关爱”工作体系。搭建心理服务平台。依托油田工会区域化职工服务中心，整合区域服务资源，建起“心灵关爱”服务窗口，开通职工“心灵关爱”热线，组织幸福沙龙，搭建区域服务平台，提升职工幸福感。依托“胜利职工 e 家”线上平台，建起“幸福时空”

智能化服务模块，开设“单位抢约”“职工个人抢约”“幸福沙龙”功能，拓宽对接通道，推动职工心理健康服务工作有声有色、有效有序地开展。

2. 锤炼心理健康服务“小前端”，建起幸福教练队伍

结合油田直属单位的专业化差异和地域分布特点，制定《关于组织实施“幸福教练培养计划”的指导意见》，以工会干部为基础，对招募的员工确定培养方向，强化激励考核管理，搭建起一支具有岗位应用积极心理学能力的网格化幸福教练队伍。提升心理健康服务质量。创新建立从理论学习、实践锻炼两方面入手，以“NLP积极心理学”四册经典书籍为教材，设计幸福课题实施、创建实用题库、撰写案例等五项实践作业的“2+4+5”幸福教练培养模式，通过咨询式服务、培训式服务、陪伴式成长服务，不断推进幸福教练队伍成长。

▼职工心理健康服务到基层

3. 打造心理健康服务“精品线”，实施“心福班站”项目

以提升班站长心理资本及管理能力为载体，通过幸福教练与基层班站长结对帮扶，采取线上线下陪伴式学习交流成长方式，服务一线班站建设与职工心理需求，促进班站生产管理水平高效提升。实施“心福快车”项目。针对油田外闯项目职工的关注点、情绪焦点问题，通过调查问卷等形式掌握队伍现状，组织送服务到现场，采用倾听诉说、团队辅导、个案辅导等方式，进行工作减压、情绪疏导，切实让外闯项目职工感受到被关注、被关照，促进外闯市场队伍和谐稳定发展。

三、工作成效

胜利油田工会通过构建“大平台、小前端”工作模式，不断发挥工会“大平台”作用促进资源共享，建起了具有163名幸福教练、400余名幸福辅导员、2500多人的心灵成长小组队伍，实现了直属单位职工心灵关爱服务全覆盖。围绕油田中心工作，聚焦工会主业主责，用心服务职工群众，组建送服务下基层、关爱外闯项目员工心理访谈、微信宣传、区域服务等5个项目组，每年服务职工约7万人次，实现了职工心理健康服务精准有效开展，员工自我调适意识和能力得到显著提升，助推油田和谐稳定发展环境建设。

“工匠名师一线行”为职工答疑解惑

江汉油田工会

一、工作背景

为进一步弘扬劳模精神、劳动精神、工匠精神，江汉油田工会组织工匠人才和技能大师深入基层一线，开展了“工匠名师一线行”活动。通过座谈交流、技术指导、现场答疑等方式，充分发挥工匠名师示范效应，培养员工的创新意识，提高岗位技能，促进员工队伍素质提升。

二、主要做法

1. 充分调研，优选工匠名师

优选全国劳模、集团公司技能大师张义铁，荆楚工匠吴继农和洪河等 10 名工匠名师组成讲师团。深入基层调研，了解一线员工所需所求，指导工匠名师有针对性地进行课件制作，讲授内容涵盖了页岩气勘探开发、采油、采气、钳工、电工等主要生产工作领域。对工匠名师进行专业培训，提高授课水平、保证授课质量。

▲江汉油田工会“工匠名师一线行”讲师团成员、全国劳动模范、荆楚工匠、中石化技能大师、清河采油厂高级技师张义铁，在江汉采油厂广华采油管理区，为来自该厂基层单位的 20 多名技能骨干传经送宝、答疑解惑

2. 创新模式，各取所需“点餐”

根据工匠名师所属领域和技术特长，分层分类选题，将课题分发到各基层单位。各单位结合实际进行“点餐式”教学，做到“缺什么、补什么”“学什么、点什么”，尽可能满足职工学习需求，激发员工学习热情。建立工匠名师微信群，及时交流授课经验，并指出改进方向。

3. 深入一线，助力成长成才

按照“以点带面、逐步铺开、整体覆盖”的工作思路，把培训指导对象定义在基层一线班组（站），采取小范围、面对面传授的方式，使基层一线的员工能够近距离与工匠名师进行交流、学习，最大限度地做到学有所获。建立定期回访、跟踪反馈机制，确保基层一线员工提出的各类创新难题、工作建议能够得到及时回复和解决。

三、工作效果

江汉油田工会启动“工匠名师一线行”活动以来，工匠名师深入基层单位开展授课共 65 场次，现场培训一线员工近 700 人次，该活动形式受到基层单位和广大员工的欢迎。

1. 员工创新创效热情持续高涨

越来越多的一线员工在生产实践中积极探索尝试新技术、新方法、新工艺、新流程，全年共征集各类创新创效成果和合理化建议 1100 多项，成果推广转化应用 173 项。

2. 员工技能素质得到普遍提升

通过学习交流，在油田上下掀起了“学技术、比作风、比业绩、比贡献”的热潮，全年累计开展技能培训 298 次，有 9897 人参与，岗位练兵 525 次，有 14445 人参与，师徒结对 660 对，878 人实现技能晋级，7 人在省部级以上技能竞赛中获奖。

3. 工匠名师荣誉感不断增强

工匠名师深入一线，与大家面对面地交流讨论，不仅进一步提升了劳模工匠的知名度、荣誉感，也激励了工匠名师继续发挥好示范带动作用，并推动更多工匠名师竞相涌现，唱响了新时代“咱们工人有力量”的主旋律。

“六字”走访工作法

西北石油局工会

一、工作背景

按照中国石化集团公司工会工委要求，西北石油局工会从2016年开始开展了“走基层、访万家”工作，率先实现了走访全覆盖；2017年划分层次、突出重点、深入走访；2018年建立了“走基层、访万家”长效机制，将“走基层、访万家”作为两级工会组织长期坚持并不断强化的重要工作予以持续推进。西北石油局各级党政领导、专兼职工会干部按照“三走（走下去、走进门、走近心）、两解（解难题、解困惑）、一建（建立走访档案）”的思路和“六字”工作法（制、标、访、清、账、级），拉近与职工的距离，走入职工的心里，增进与职工的感情，了解职工家庭的真实状况，帮助职工排忧解难。

二、主要做法

“六字”走访工作法：一制，一个机制；二标，二个标准；三访，三步走访；四清，四个清楚；五账，五类台账；六级，六级解困。

“一制”：建立“两年全覆盖，第三年重点访”长效机制。在

▲采油一厂分区书记到职工韩国峰家庭进行走访，深入了解职工家庭情况及存在困难，并送上慰问品。重点就职工关心、忧虑等的实际问题进行详细谈话

两年的全覆盖走访中摸清6类重点走访对象（患大病职工家庭、“空巢”家庭、拟退休职工、新进职工、先进人物家庭和困难职工家庭）覆盖人群，第三年对重点人群进行重点走访，持续关注其家庭动态，及时帮助排忧解难。

“二标”：明确两年全覆盖职工家庭的慰问标准为每人不超过150元；第三年重点走访6类人群的慰问标准为不超过300元。

“三访”：“访家先访人、访人先访心”。访心：心贴心感受，体察职工态度，了解职工性格、个人喜恶。访人：面对面交流，打消职工顾虑，取得职工信任。访家：实打实入户，抓住职工结婚、生子、家庭变故、岗位调整等恰当时机走入职工家庭。

“四清”：查清家庭状况、致困原因，做到“底数清”；查清存在的主要问题及需要解决的问题，做到“问题清”；按“一人一策”“一户一策”原则，明确帮扶措施，做到“对策清”；实行定人、定时、定责，做到“责任清”。

“五账”：建账，家庭状况、存在困难、需要解决的问题要做好台账登记；议账，梳理归类收集到的信息，并进行集体研究，制定解决方案；结账，对诉求、问题的解决强力推进，督促落实；晒账，通过厂务公开栏、门户网站、微信平台、满意度调查等方式“晒账”，接受监督、评议；查账，定期或不定期检查，并督促各单位落实活动运行情况。

“六级”：解困，对于问题和诉求，要做到易事马上办、急事抓紧办、难事协调办、长期问题研究办、个别问题积极办、重要问题逐步办的六级解困方式。

三、工作成效

西北石油局各级工会按照“六字”工作法深入扎实地展开走访，全面了解职工家庭状况，帮助职工解决了子女入学、就医通道、倒休假、岗位调整等方面的问题。通过谈心交流、情绪疏导等方式缓解了职工的工作生活压力及焦虑感，同时获得了职工家属对企业的理解和支持。大家普遍反映非常满意这种走访方式，能够充分感受到企业的温暖，从而提升了职工的存在感、归属感，增强了职工凝聚力。

“全员价值创造”劳动竞赛工作法

华东石油局油服中心工会

一、工作背景

2020 年，华东石油局油服中心工会充分发挥凝聚群众、组织群众的工作优势，动员广大员工投身“全员价值创造”劳动竞赛中。以激励内部挖潜、优化流程、精细管理、五小改革、技术创新、降本增效等实际举措，助力“百日攻坚创效”行动的开展。

二、主要做法

全员参与“价值创造优胜工作部、价值创造优胜项目部、价值创造优胜团队”劳动竞赛。

1.“价值创造优胜工作部”竞赛

围绕提质增效，聚焦攻坚克难，紧盯生产经营，强化全员成本意识，设置了“生产保障、降本增效、安全环保和人均劳效”4 项竞赛指标，每项指标计小红旗一枚，累计红旗数最多的工作部被表彰为“价值创造优胜工作部”。

2.“价值创造优胜项目部”竞赛

立足生产运行、安全环保和降本增效，根据比安全生产、工程质量、施工进度和人均劳效，从基层14个项目部中优选3个“价值创造优胜项目部”进行表彰。

3.“价值创造优胜团队”竞赛

举办现场“最具价值创造团队”挑战擂台赛。16个项目团队以“攻擂”和“守擂”的方式，分别进行5~8分钟的多媒体竞赛演说，从而展示团队风采和具体在工程建设、生产经营、综合管理、科技研发过程中的价值创造。经过“两两”三轮对决，选出“最具价值创造优胜团队”进行表彰。

▼“最具价值创造团队”挑战擂台赛颁奖现场

三、工作成效

首先，劳动竞赛围绕效益开发、提速提效、降本减费等重点工作展开，引导各方面的专业技术能手创先争优、攻坚克难，释放全体员工的劳动热情和创效活力，为夺取疫情防控和生产经营“双战双胜”作出了积极贡献。

其次，劳动竞赛形成了一批极具创造价值的丰富成果，体现了各业务领域“技术、管理双轮驱动，攻坚、创效齐头并进”，油服中心“保障主业能力和经营创效能力”双提升。

最后，劳动竞赛营造了干事创业、攻坚创效的浓厚氛围，在广大员工中形成了重实干、重实效、重实绩的鲜明导向。2020 年 6 月底“百日攻坚创效行动”收官之时，油服中心因疫情防控有力，经营产值完成年度计划的 66%，利润指标完成年度计划的 138%。

工会新职工入会“六个一”关爱活动

天然气分公司工会

一、工作背景

天然气分公司业务点多、线长、面广，遍布全国各地。为了使新入职职工迅速融入公司大家庭，融入工作，增强其凝聚力、向心力，提高职工的获得感、幸福感和归属感，顺利做好从学校到社会的过渡。天然气分公司工会积极组织开展新职工入会“六个一”关爱活动。

二、主要做法

学习一次《中华人民共和国工会法》《中国工会章程》。为新职工讲解工会职责，让大家了解工会是什么及做什么、加入工会的意义，并鼓励新会员做好未来工作生活规划。带领新会员了解《中华人民共和国工会法》《中国工会章程》的主要内容，宣贯工会知识，围绕工会性质、工会的权利和义务等内容进行详细解读。

签订一份入会申请。组织新职工填写入会申请书，举办会员入会仪式，带领新会员宣读入会誓词，引导新会员树立建企、爱企的意识和决心，并积极投身到各项工作中，凝聚力量、干事创业。

发放一本工会会员证。会员证是工会会员的身份证明。组织新会员填写“工会会员登记表”，并建立会员档案，发放工会会员证。进一步完善了工会会员的会籍管理，增强了大家的身份认同感。

赠送一份入会纪念品。结合实际需要，给新会员赠送了保温杯、充电宝等实用物品，让新会员感受到了来自工会“大家庭”的温暖。

参加一次工会活动。如慢跑、野餐、联谊等活动，使新老会员走出办公室、走出场站，共同参与活动，增进新老会员之间的感情，展现了他们热爱生活、健康阳光的精神风貌，提升了凝聚力。

开展一次上门家访。工会关爱活动小组前往新会员家中、宿舍，对大家的工作生活情况、业余爱好、家庭现状及遇到的困难等情况

▼签订入会申请书，带领新会员宣读入会誓词，引导会员树立建企、爱企的意识和决心，汇聚干事创业力量

进行细致的了解，“接地气、零距离”了解心声、倾听呼声、解决难题，搭建起与职工间的“连心桥”。

三、工作成效

一堂工会授课，一张入会申请，一本会员证，一份纪念品，一次户外活动，一次上门家访，“六个一”关爱活动既让新会员感受到了来自工会的关怀，又凝聚了向心力。大家纷纷表示要努力学习业务知识，从一点一滴做起，从本职工作做起，爱岗敬业，争做优秀的职工和工会会员。

“3+X”职工代表巡视工作法

石油工程建设江汉油建公司工会

一、工作背景

为切实落实职代会职权、发挥职工代表在企业民主管理中的骨干作用和“代言人”作用，自2019年以来，石油工程建设江汉油建公司工会坚持开展“3+X”职工代表巡视活动，广泛凝心、汇智、聚力，维护职工合法权益，解决职工实际困难，凝聚职工的智慧力量，推进公司全面、可持续健康发展。

二、主要做法

一是整体规划下功夫。下发《江汉油建公司开展“职工代表在行动”活动的通知》，创新推出“3+X”行动方案。“3”，即专项巡视检查、走访联系职工、述职评议考核等工作；“X”，即自选一项或多项增加发挥职工代表作用的特色内容。

二是专项巡视保安康。组织职工代表深入一线班组、一线岗位和施工现场，对安全生产和员工健康管理工作展开专项巡视，总结经验、查找问题，形成建议清单，并督促整改落实。

三是走访员工解难题。发挥职工代表联系职工最广泛、服务职工最直接的优势，通过座谈交流、走访慰问等方式，收集民情民意、掌握呼声诉求，做好困难帮扶、解决后顾之忧，不断提升职工的获得感、幸福感、安全感。

四是述职评议强责任。组织职工代表围绕落实职代会提案，推进企业民主管理，维护职工合法权益，为职工办实事、办好事等情况，向所在基层单位职工进行述职，报告履行代表职责情况，接受职工评议和测评。

五是服务需求助生产。结合项目需求，灵活开展“X”特色活动，例如送凉爽、送文化、送技术到一线等，丰富职工业余文化生活，

▼职工代表深入金属容器车间厂房一线巡视设备运转维护情况，确保设备安全运转

提升职工能力素质，助推项目施工生产。

三、工作成效

石油工程建设江汉油建公司工会坚持不定期开展“3+X”职工代表巡视活动，组织职工代表深入一线维民权、解民忧、聚民智，有效促进了职工代表作用的发挥，推动了劳动关系和谐稳定，夯实了企业发展的群众基础。自2019年来，公司职工代表累计深入基层200余人次、走访基层班站50多个、提出意见建议144条、为职工解决实际困难124个，真正把维权服务落到实处、抓到细处、做到深处。

女工干部民情联系工作法

西南石油工程公司湖南钻井分公司工会

一、工作背景

西南石油工程公司湖南钻井分公司已涉足海外市场15年，施工队伍分布在科威特、厄瓜多尔、沙特、埃及等地。海外员工因工作压力大，又远离祖国、亲人，对家庭事务爱莫能助，所以感到情绪紧张、身心疲惫，再加上经常对家人感到愧疚，有亏欠感，导致不能安心工作。海外员工家属除了要做好自己的工作外，还要一个人承担着抚养孩子、照顾老人的重任，有难无人帮、有苦没处诉，也感到非常无助。根据公司这些情况，湖南钻井分公司工会推动实施了“女工干部民情联系工作法”。

二、主要做法

采取“三级网络”组织模式，公司领导班子成员担任民情观察员，公司工会女工委主任担任民情联络员，公司机关女性科级干部和协助工作人员担任民情服务员。女工委给每一名女干部配备1~2名素质好、责任心强的女员工协助其工作，分别与海外员工家庭进行对口联系。

建档立卡，了解“民心民声”所向。女工委通过QQ、微信、电话等方式更新、完善海外员工家属的联系方式和家庭住址，并积极和他们的爱人取得联系，为海外员工家庭建档立卡，并以项目部为单位建立了员工家庭情况信息档案，切实了解她们的实际困难。

扶贫帮困，排解“民忧民难”。女工干部开通民情电话，与海外员工家属谈心，认真倾听她们的倾诉并耐心开导。

建立民情联系微信群，同时推送了公司微信公众号，不定期通过微信、电话、上门走访等方式将分公司和各自所在工区的生产经营情况和面临的形势向家属进行宣传。以文字和视频方式让大家了解另一半的生活和工作状态，对有疑问和顾虑的家属进行心理疏导，

▼西南石油工程公司湖南钻井分公司女职工民情联络员与海外员工家属相聚一堂，共话家常

为其解压；对海外员工家庭出现亲人患重病、妻子生产等情况时专门进行慰问；对居住在外地的困难家庭给予重点关注。

加强日常联系、开展相关活动。通过组织家属座谈会、亲子家书、现场直击 Vlog 等各类活动，增强家属对企业的认同感，搭建一线员工和家属的沟通平台，得到广大员工及其家属的大力支持。

三、工作成效

西南石油工程公司湖南钻井分公司工会通过“女工干部民情联系工作法”搭建了企业、员工、家属的“连心桥”，在一定程度上解决了海外员工的后顾之忧，协助其家属撑起了家里的半边天，让员工能够安心工作。稳定了员工队伍，加强了员工及其家庭成员对企业的认同感，增强了企业凝聚力，激发了队伍战斗力。

广建职工代表履职平台

石化机械公司江钻公司工会

一、工作背景

党的十八大以来，党中央特别重视工人阶级和工会工作，将民主管理提升到了新高度。作为国有企业，石化机械公司江钻公司工会认真贯彻上级要求，面对改革转型中的诸多瓶颈，高擎民主管理旗帜，重视职工代表作用，深挖职工代表潜力，广建充分履职平台，为公司可持续健康发展多作贡献。

二、主要做法

搭建素质提升平台。一是坚持通过公开竞聘，选拔出有热情、有能力、敢担当、受拥护的职工代表，使其真正成为职工代言人；二是坚持通过组织参观学习、开办内网课堂答疑交流专栏、老代表带新代表等多种方式，提升职工代表队伍素质；三是坚持开展职工代表履职模拟演练，促进其实战能力的提升。

搭建充分履职平台。一是坚持让职工代表融入治理环节。在制度文件起草、改革方案制定与执行、大型立项项目、维护职工利益等方面，都要挑选能力水平匹配的职工代表全程参与；二是坚持给职工代表“出题”。职工代表每年必须完成一份与其业务相关的调研报告，并提交两项以上有价值的提案，针对所在单位实际必须单独或共同策划实施1~2项能解决问题、化解矛盾并行之有效的创新做法。

搭建作用评估平台。一是制定《职工代表履职标准》，通过单位推荐、抽查访谈、网上调查等形式，多维度给职工代表打分，年终评选出“优秀职工代表”，以树立标杆榜样，营造赶超氛围；二

▼石化机械公司江钻公司工会坚持通过多种形式提升职工代表队伍素质和实战能力

是一个或多个参与同一项目的职工代表必须完成一份年度履职报告，并在所在单位职工代表大会上述职，接受监督和评判。

三、工作成效

一是制约发展难题得到解决。疫情期间因封路不能履约送货，销售部门职工代表便提出并参与和提前完成了“千里接力送货”；因热处理板块承包经营改革，导致不稳定因素上升，职工代表便向全员征集焦点议题，并提议召开民主议事会，使职工特别关注的推行大岗位模式、推选班组长等难题得到了及时有效的解决。

二是促进队伍面貌焕然一新。公司所属热处理厂有职工代表提议，车间领导应每周给表现突出的职工写“匿名赞美词”，并由其在周会上宣读，让职工竞猜。该做法激发了职工的工作动力，营造了赶超氛围，活跃了会场气氛，作为江钻“民管品牌”已被全面推广，激励效果非常好。

三是有效维护职工切身利益。总装车间职工的月度绩效难以量化，对考核结果反映较大。车间工会采纳职工代表建议，每月吸收部分职工代表和自愿报名的普通职工参与考核，从而做到了公平、公正，消除了职工的怨气、矛盾。公司所属改制企业问题不少，石化机械江钻公司工会帮其健全制度机制、培训职工代表，并由职工代表参与工资集体协商，提高了职工收入的20%，维护了公平、正义与和谐、稳定。

劳模创新工作室“典型引领”工作法

茂名石化工会

一、工作背景

茂名石化工会深入落实“创新是引领发展的第一动力”要求，紧密结合公司安全环保生产、改革发展、攻坚创效的现实需求，建设了7个劳模创新工作室，并积极通过搭台子、攻项目、强机制等“典型引领”方法，为工作室团队发挥作用创造良好条件，推动公司劳模创新工作室在优化装置运行、提升技术经济指标、增强劳动者技能本领、助力企业高质量发展等方面作用突出、成果丰硕。

二、主要做法

1. 搭建示范引领的平台

茂名石化工会指导各直属单位工会建好劳模创新工作室，为劳模搭建建功立业的坚实平台。炼油分部的李坤先后被评为公司、省、全国劳模，以其名字命名的劳模创新工作室，被评为省级劳模创新工作室。李坤带领工作团队开展一系列优化攻关活动，使4套炼油新装置、15个新项目一次投产成功，且投产后就实现了满负荷、长

▲李坤工作室领衔人——全国劳模李坤带领工作室骨干在装置现场开展技术攻关

周期、高收益，为炼油做大做强提供了新动力。其中，50 万吨 / 年干气回收富乙烷气装置投产后，把原作为瓦斯燃料的乙烷和丙烷回收转化为优质的乙烯原料，为公司炼油由燃料型向化工型转型发展作出了重要贡献。

2. 攻克示范引领的项目

茂名石化工会指导各劳模创新工作室围绕企业安全环保、优化运行、技术革新等重点工作开展项目攻关，着力解决制约企业高质量发展的瓶颈难题，每个创新工作室每年初都要制定出 5 个以上的年度攻关项目。工会定期跟踪项目进展情况，促进成果转化。例如，张恒珍劳模创新工作室针对因 1 号裂解装置气压缩机效率下降，导致吸入压力偏高、2 号裂解装置乙烯精馏系统压力超设计的问题，反复摸索、不断创新，共解决了影响装置长周期运行的重大问题 40 多项，为企业创造直接经济效益 2.46 亿元；吴金源劳模创新工作室攻克的“氢气梯级利用”操作法，每年可为企业节约成本3000万元。

3. 强化示范引领的机制

茂名石化工会制定了《茂名石化劳模创新工作室管理办法》，明确目标任务、管理方式、成果应用，推动劳模创新工作室管理制度化、规范化。严格“五有”条件推荐申报，确保劳模创新工作室名副其实。坚持每半年对各工作室开展的创新活动、项目进展、取得成果、工作经验等内容进行总结评估，做好经验总结、成果推广工作。

三、工作成效

茂名石化工会目前已建成劳模创新工作室7个，其中省级4个、市级3个。主要工作成效：一是攻克了多项技术难关，优化了多道工艺流程，解决了生产难题。二是培养了高技能人才，其中张恒珍工作室成员陈祖武是中国石化集团公司技术能手，吴金源工作室成员陈慧群获得中国石化闵恩泽青年科技人才奖；公司2名中华技能大奖获得者和4名集团公司技能大师均为工作室成员。三是助力了攻坚创效，郑文凯劳模创新工作室优化了掺烧石油焦和油浆，蒋友珺劳模创新工作优化了罐储罐检修，这些均创造了良好的经济效益。

“三个一”工作法落实精准帮扶

高桥石化机关工会

一、工作背景

精准帮扶是工会温暖工程的重要抓手。高桥石化机关工会现有会员 1100 余人，其中年老体弱者较多，尤其公司特群人员大多集中在行政事务管理中心，共 67 名。因此，机关每年需要申请帮困的职工为数不少。如何精准帮扶，将有限的帮困费用发挥至最大作用，做到真困难、真帮助一直是其工作的重点。

二、主要做法

高桥石化机关工会在实际工作中，通过实地走访、面对面沟通、开会讨论等方式，摸索出精准帮扶“三个一”工作方法。一是“走一走”。通过“走基层、访万家”走访受助职工家庭，主要以“观”和“聊”的方式了解职工家庭情况。“观”是察看房屋大小、家庭布局、屋内陈设，“聊”是与职工及其家属聊天，沟通了解家庭情况、生活状况、子女读书情况、家庭成员健康情况等，在轻松的谈话中初步掌握职工家庭的整体状况。二是“听一听”。“兼听则明，偏听则暗。”为掌握更全面的信息，还可通过与受助职工长期共事的工友、同事进行沟通，从侧面了解受助职工的致贫原因和困难的真实性，收集掌握困难职工更多的家庭信息。三是“议一议”。组织机关工会委员集体讨论帮困上报信息，主要依据帮困职工本人收入情况（由人力资源部提供）、家庭主要成员的工资收入流水单或《劳动手册》、家庭成员需受助程度，进行逐一衡量、逐条比对，排列出公司级帮困职工、作业部级帮困职工、无需帮困职工三个层次，并将相关信息反馈上报部门，要求部门酌情做好帮困工作。同时提醒部门今后上报信息时必须严肃谨慎，把好信息上报关。为跟踪落实受助职工困难状况，还建立了困难职工档案，根据时间顺序收录

▼高桥石化机关工会主席家访慰问患大病长期在家休养的困难职工，送上组织的关心和温暖

困难职工情况，及时捕捉职工的困难动态信息，视情况提供或撤销帮助。

三、工作成效

经过近两年的实行“三个一”工作方法，高桥石化机关工会较好地把握了帮扶标准，准确定位了困难职工，及时将“真帮助”送到“真困难”职工手中，并确保“真困难”职工无遗漏，“假困难”职工被拒门外。两年来，共对299人次的困难职工实施了帮扶救助，金额90.8万元；实施金秋助学43人次，金额10.54万元。机关工会帮困送温暖工作不仅让职工信服，让困难职工切实感受到组织的温暖和企业的实质关怀，同时也得到了职工家属的一致认同与点赞。得到帮扶的职工说：“疾病无情企业有情，尽管我们现在因为患病无法到企业上班，远离单位和同事，但从未感到孤独与无望，我们每时每刻都感受到企业的温情，这是作为中国石化员工的幸福。”

“三个同步”选好管好用好劳模

长岭炼化工会

一、工作背景

长岭炼化工会针对之前劳模管理中，劳模精神弘扬不够充分、劳模作用发挥不够突出等现实问题，在劳模管理过程中坚持“选人”与“树人”同步推进、“铸魂”与“育人”同步开展、“培养”与“关爱”同步落实，通过“三个同步”助力劳模管理迈上新台阶。

二、主要做法

一是选劳模坚持“选人”与“树人”同步推进。选人是基础，长岭炼化工会始终坚持“选树一个劳模就是选树一面旗帜”，严把劳模评选关，在经过单位申报、内部公示后，还要“过五关”。全公司经过微信投票、劳模候选人事迹宣讲后，工会委员会、双文明委员会还要综合多方面情况进行层层筛选，最终交由党委会讨论决定，才能确定劳模名单。树人是导向，工会坚持评选过程与宣传过程同步推进。在微信投票中，各劳模的简要事迹、相关业绩登上“长炼工人”微信公众号，每年都有上万名职工群众、亲属朋友来为劳

▲评选劳模、宣传劳模是长岭炼化工会多年来坚持的传统

模投票，既体现了民主，又扩大了劳模影响。在劳模候选人事迹宣讲会上，劳模候选人走上三尺演讲台，用鲜活的事迹打动基层一线职工，让劳模精神得以弘扬。

二是用劳模坚持“铸魂”与“育人”同步开展。长岭炼化工会注重用好劳模，运用各种载体激励劳模发光发热。如组织劳模立足生产经营、安全环保、创新创效等方面提出“金点子”，让劳模担当课题带头人组织职工攻坚克难，让劳模精神在生产一线持续闪光。抓好劳模“传帮带”，组织劳模将生产经验编制成易学易懂的先进操作法，引导劳模在公司开展的各项劳动竞赛中带领班组激发潜力。开展“劳模带高徒”活动，近年来公司“炼塔杯”技术比武状元大多是劳模带出来的高徒。

三是管劳模坚持“培养”与“关爱”同步落实。劳模既是企业的精神财富，也是工会关爱工作的重要对象。在基层一线以劳模的名字命名，建立了11个劳模创新工作室，并给予专项资金奖励，给劳模创造良好工作条件。激励劳模围绕生产难题，大力开展技能培训、岗位练兵、技术革新、发明创造等创新创效活动。给劳模提供力所能及的关爱，为一线劳模夏送清凉、为困难劳模送去困难补助、为每名劳模送去慰问金。组织各级工会经常性到劳模所在班组和家中谈心交流，解决劳模工作生活困难，为劳模更加顺利地创新创效提供资源和帮助。

三、工作成效

长岭炼化工会通过劳模管理“三个同步”方法，共产生了5名全国劳动模范、7名全国五一劳动奖章获得者、10名湖南省劳动模范、6名中国石化劳动模范。总结先进操作法475条，完成35个重点攻关课题，共提出20余条“金点子”，为企业产生效益4000多万元。

“一点两面”增强基层工会组织活力

洛阳石化水务部工会

一、实施背景

洛阳石化水务部现有职工 234 人，岗位分散在生产区域的各个角落，具有管理范围广、岗位分散、小班组多的特点，工会组织开展活动较为困难。为破解这一难题，洛阳石化水务部工会以服务生产、服务职工为出发点，打造工会小组、职工兴趣小组两个支撑面，深度融入中心、竭诚服务职工，不断增强工会组织活力，在提升基层工会工作水平方面进行了有益探索、取得了积极成效。

二、主要做法

1. 健全工会小组，打通联系服务职工群众的“最后一公里”

2020 年，洛阳石化水务部工会将工会小组建设作为增强基层工会活力的切入点，建立 6 个工会小组，明确工会小组 6 项任务。一是搞好安全文明生产，协助组织开展劳动竞赛等工作；二是全面了解成员的思想情况，负责抓好小组的培训、学习，开展思想教育活动；三是关心组员生活，反映职工的实际困难，及时慰问伤病、困难职工；

▲把兴趣当“吸铁石”，吸引共同兴趣的“铁粉儿”，抱团成组。把兴趣变爱好、把爱好变习惯，扩大影响力。图为毽球小组成员参加比赛

四是开展民主管理，实事求是地反映组员的意见，积极维护职工的合法权益；五是丰富职工生活，开展积极向上的文体活动；六是及时填写基础资料，认真完成工会小组的其他日常工作。

每个工会小组长，原则上由各区域、装置负责人兼任。工会小组长除完成工会小组职责规定的任务外，还要做到“四应知”（应知组员联系方式、应知组员家庭住址、应知组员家庭状况、应知组员生活状况）、“五必报”（组员遇到重大情况时必上报；组员生病住院、孕产时必上报；遇到组员及其亲人婚丧大事时必上报；组员发生严重纠纷时必上报；组有重点困难户必上报）和三个“第一时间”（第一时间将政策传达到位，第一时间了解职工实际情况，第一时间上报上级工会、协助解决好职工遇到的困难和问题），使

职工感受到工会的关心与关爱，增强了归属感，激发了工作动力。

2. 成立兴趣小组，建设职工队伍素质提升的大平台

职工兴趣小组坚持以职工需求为导向，采取职工自愿组合的形式，每个兴趣小组成员不少于8人，经水务部工会批准后成立。目前，已先后成立乒乓球小组、毽球小组、游泳小组、钓鱼小组、健步走等5个文体活动小组和污水回用、循环水水质、化学水清洗、污水MBR膜等4个技术兴趣小组。

兴趣小组从成员的加入、退出、职责、权利、义务、经费使用、奖惩措施等方面进行规范化管理，做到管理有制度、活动有计划、经费有支持、年终有总结。小组自行开展日常活动，积极参加公司活动，通过相互学习、相互督促，达到促进职工身体健康、提升整体素质的目的。

三、工作成效

通过“一点两面”建设，洛阳石化水务部工会的自主运行能力得到提高，工会活力增强。2020年度，工会获得公司“模范职工之家”称号，1个班组获评“工人先锋号”，14名职工获得公司多种先进荣誉。“一点两面”切实增强了工会组织的凝聚力和影响力，为中心任务的完成提供强大动力和坚强保障。2020年实现安全生产无事故，外排污水综合合格率达100%，平稳保供、环保达标，实现效益2500多万元。

“四字”工作法打造健康团辅新模式

荆门石化工会

一、背景情况

2020年，荆门石化员工队伍平均年龄为47.6岁。随着年龄的普遍增长，越来越多的职工处在心脑血管疾病的高发阶段。为大力转变高血脂、高血压、高血糖（简称“三高”）等健康高、中危员工在疾病预防和治疗中的不正确观念、不良行为，防范在岗非正常死亡事件的发生，从2019年开始，荆门石化工会探索应用EAP技巧，通过“宣、演、谈、动”四个环节，量身定制团体辅导；通过从心灵深处转变思想观念的有效方式，促进职工养成良好的生活习惯，不断提高健康水平。

二、主要做法

依据体检报告甄别出患有“三高”的高危和中危员工，按照大众与小众化结合、多批次的原则将其分为10期，每期约20人开展EAP团体辅导。

宣。根据近年来职工健康体检中血脂、血压、血糖指标异常情况，

▲荆门石化工会开展 EAP 工作，对健康高危人员进行团辅

对这类人员的生活习惯、疾病认知、平时的治疗情况等方面开展调查摸底，建立职工健康档案。发挥 EAP 骨干和 14 个 EAP 工作小组的作用，不定期对健康高危人员进行走访，向他们宣讲“三高”的危害、常见的治疗误区，补齐、补足“三高”人员的认识短板。利用 EAP 工作室，邀请省市知名医学专家现场逐一回答健康高、中危人群的困惑，逐一分析“三高”状况日益恶化的症结所在，澄清其认识误区。

演。编排心理剧剔除错误认知，植入科学健康生活理念。2019 年，3 名企业 EAP 骨干自编、自导、自演心理剧《启发》，让“三高”人员日常生活中的错误言论、不良行为情景再现，运用剧中人物“管不住嘴”“迈不开腿”的现实，与他们向往个人健康、家庭幸福的美好愿望所发生的冲突，从潜意识层面强烈冲击他们，从而植入科学健康生活理念，使其下定痛改不良习惯、养成良好生活习惯的决心，当好自己健康的第一责任人。

谈。让每位参加团辅的人员现场谈感受，引发他们的思考。“没想到以前还有那么多错误认识”“我已经在吃药了，没想到治疗不彻底还有那么大危害”“没想到企业对我们这么关心”……通过团辅，这部分人员对预防、治疗疾病的主体责任意识明显增强，生活习惯明显好转。同时，还从在岗员工中找出近三年通过健身瘦体使“三高”大幅改善的典型，分享个人做法和效果，持续强化“三高”人员治疗信心。

动。在加强团辅、敦促这部分员工养成良好生活习惯的同时，各级工会积极组织他们参加“健康瘦身”促进和健步行、登山等群众性体育活动，指导他们进行适度科学健身，并对他们健身前后的身体指标予以持续关注，分享他们的成功经验，切实让这部分人员“动”起来，从而达到增强体质、提高健康水平的效果。

三、工作成效

荆门石化工会自开展EAP团体辅导和健身活动以来，未发生一起员工在岗非正常死亡事件，绝大多数员工的身体指标得到有效改善。荆门石化员工在2020年上半年的新冠肺炎疫情中经受住了考验，在职员工无感染。这既是疫情防控成效的体现，也是与公司近几年来实施健康团辅，坚持开展健步行等全员健身活动，不断增强职工免疫力的成果分不开的。

传帮带教结对子　互助互促创佳绩

上海石油分公司商业经营中心工会

一、工作背景

上海石油分公司商业经营中心工会紧紧围绕全年目标任务，以“传帮带教结对子，互助互促创佳绩”为主题开展“比学赶帮超”劳动竞赛，取得了较好的成效。

2010 年，随着成品油直销业务市场竞争日趋激烈，面对机遇和挑战并存的未来，中心工会提出了以“传帮带教结对子，互助互促创佳绩”为主题的“比学赶帮超”劳动竞赛方案，把结对子活动和你追我赶、不断进取的优良传统规范化、制度化、机制化。经过多年实践，自 2015 年起将劳动竞赛重点调整到扩销增量、油非互促、服务客户、强化管理和员工队伍整体素质的提高上，结合中心实际实施“全员营销”。

二、主要做法

结合每年的经营目标和重点工作任务，修订劳动竞赛考评实施细则，每月对团队和个人前三名给予挂红旗表彰，后三名挂黄旗警示。

▲上海石油分公司商业经营中心工会——师傅带领徒弟到中央仓实地教学

中心工会为每个部门制作竞赛榜展板，张贴红、黄旗，并采取周业务例会通报机制，每周点名表彰先进、鞭策后进，形成“比学赶帮超”的良好氛围。

1. 比先进、比进步，创新考核办法，提高积极性

每年结合中心目标任务修订劳动竞赛的考评细则，将各项经营目标任务分配到部门和个人，将经营压力传递到每个人；每周通报部门与个人的非油销售完成情况，按季度及时兑现奖励。通过精神和物质双重奖励相结合的方式，鼓励全员参与到扩大销售、拓展客户和培养团队精神的工作中，实现人人有指标、人人要销售的氛围，促进非油商品销量提升。

2. 学理论、学经验，加强全员培训，提升战斗力

除周例会通报外，中心还以月度经营分析大会为平台，最初由每月的先进、进步个人或团队做经验交流总结，逐渐演变到每个部门都要对照检查、交流探讨，从而起到优质经验共享、市场信息更新、销售技巧提高的作用。每年举办全员培训，紧密结合工作实际提升全员的业务能力和工作水平。

3. 树标杆、赶优秀，明确追赶目标，增加工作动力

自劳动竞赛开展以来，中心涌现出许多先进典型。对这类先进个人或集体，中心都会以他们为标杆加大宣传，鼓励全员对照先进找差距、找不足，化差距为压力、化压力为动力，奋力拼搏，并时刻对标自己在全体员工队伍中的排名和位置，找准自身所处水平、明确学赶目标、坚定迎难而上。

4. 帮后进、帮困难，开展结对活动，提高协作性

在劳动竞赛过程中，中心通过分析销售数据，对排名靠后的个人和经营分部进行深入的调查研究，采取有针对性的“三结对”帮扶措施，即以优秀党员与群众、先进客户经理与后进客户经理、经验丰富的老业务员与新进大学生三种模式为主体的结对共进活动，协助寻找提升业绩的途径，传授销售经验和心得，实现销售业绩整体提升。

三、工作成效

上海石油分公司商业经营中心工会通过深入开展“比学赶帮超”劳动竞赛，不仅锻炼了队伍、提升了能力，同时也实现了直分销量

由月均 4 万吨到 2019 年月均 7.7 万吨的增长。2019 年，全员非油商品营销完成近 2000 万元，同比增长了 10%，中心获销售公司级“比学赶帮超”个人标兵 9 人次，分公司层级个人标兵 20 余人次。

“工会 +”模式强化员工健康管理

江苏石油工会

一、工作背景

面对突发的新冠肺炎疫情、原油价格下跌和市场竞争异常激烈等多重挑战，江苏石油员工在身体和心理上都承受了巨大的压力，江苏石油工会高度关注员工的健康管理，采取了一系列“工会 +”措施，有效提升了员工的健康管理水平。

二、主要做法

1.“工会 + 科普”提升健康意识

江苏石油工会利用安全生产月等各种契机，特邀心血管、慢性病、肿瘤、新冠肺炎等方面专家为全体员工讲解、普及相关健康知识。2020 年，累计开展 30 余场健康科普活动，自新冠肺炎疫情发生以来，线上、线下组织了 10 余场新冠肺炎科普活动，使员工健康意识不断提升。

2.“工会 + 活动”提升身体素质

江苏石油工会成立了羽毛球、健身跑、乒乓球等兴趣小组，自

2010年以来，连续组织5届乒乓球比赛、羽毛球比赛；在春秋季节，江苏石油工会开展了“为美好生活加油”“健身徒步走”“建功新时代”等多主题徒步行动；充分利用办公大楼的公共区域，添置健身器械，有效提升了员工自发运动的积极性。

3.“工会＋辅导”缓解心理压力

江苏石油工会精心布置了专属EAP活动室，添置放松按摩椅、心理健康书籍和专业心理健康测评软件，并定期邀请EAP方面专家开展一对一交流、游戏互动、问卷调查、主题讲座等多层次、多形式的心理辅导。“缓解职场压力、做好情绪管理、改善亲子关系”等主题讲座深受员工喜爱。

▼江苏石油工会组织青年员工为基层一线员工包饺子，开展志愿服务，使员工感受到企业的关怀

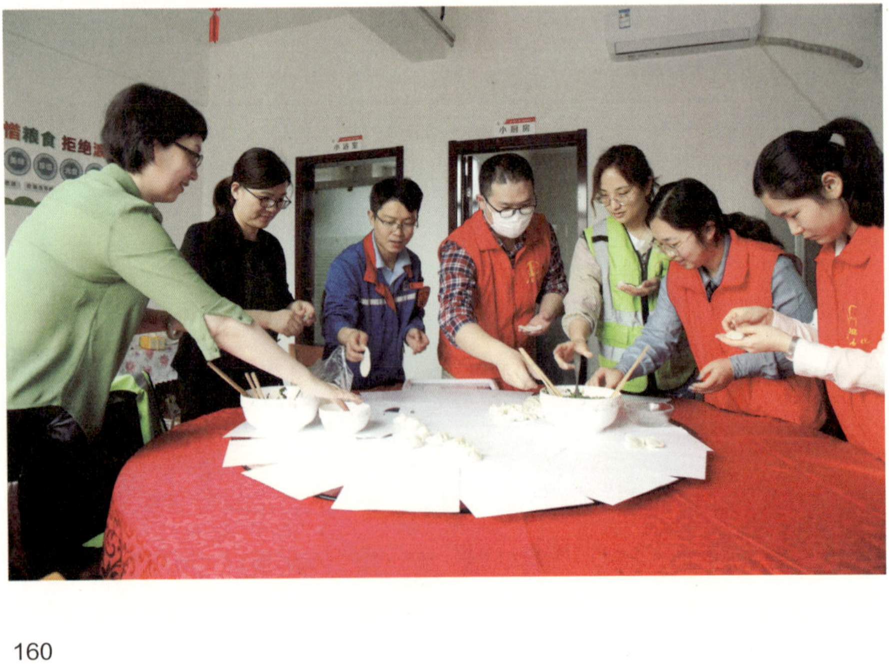

三、工作成效

江苏石油工会通过“工会＋科普”“工会＋活动”“工会＋辅导”等多种形式，成功在员工中营造出了“紧张工作、快乐生活”的浓厚氛围，不断提升员工健康管理水平，使员工完成从“想健康”到“懂健康”的蜕变，使员工更能感受到企业的关怀、关爱，增强了其归属感和工作热情，同时为企业持续攻坚创效注入更多的创新思路，推动了企业的发展，使企业焕发出新的生机，有效提升企业的综合竞争力。

聚焦“四个维度” 打造典型引领机制

浙江石油嘉兴分公司工会

一、工作背景

浙江石油嘉兴分公司工会把培育先进典型、引领企业发展作为工会工作的着力点，从力度、精度、深度、广度“四个维度”出发，打造典型引领“培、选、塑、宣”机制，充分发挥先进典型员工的示范引领作用，有效推动企业全面可持续发展。

以榜样示范，用典型引路，把在提质增效、精细管理、攻坚克难等工作中作出突出贡献的典型员工真正展现出来，营造学习先进、对标先进、争作贡献的良好氛围。

二、主要做法

1. 力度：“培”有沃土，先进典型立得“稳”

结合公司特点，厚植涵养先进典型精神沃土，建构“三维坐标轴”典型培育模型。通过铸牢“思想轴”，拧紧“行动轴”，锻实“作风轴”，强化典型培育源头引领，强化典型成长过程把控参照体系，强化典型引领的“孵化+梯队”建设，将坐标轴作为“深度考察尺”。

▲黄美群作为“金牌导师”跨站进行权益卡等非油重点商品销售指导

2. 精度：“选”有方向，先进典型树得“准”

根据中心工作坚持多维度选树“工匠”，做到“点上开花、面上结果”。树立高标准选树，通过“优化评比内容、量化评比标准、硬化评比要求”等举措抓好每一个环节，以确保典型的先进性。

3. 深度：“塑”有品牌，先进典型亮得“实”

深度打造“嘉石工匠”典型选树品牌，呈现出“头雁领航”带动“群雁齐飞”的良好效果。在“百日攻坚创效”期间，浙江财贸工匠黄美群，作为“金牌导师”跨站进行权益卡等非油重点商品销售指导的成效显著，海宁支公司二季度权益卡销售较一季度增长 10 倍，锁定汽油销量近 700 吨。

4. 广度："宣"有合力，先进典型唱得"响"

深挖先进事迹，综合运用"报、声、屏、网"四大媒介表现形式，全方位、立体化展示典型形象，让典型可亲、可信、可学。工会以浙江财贸工匠黄美群和浙石工匠何春燕为原型，拍摄制作《红船旁的石化蓝》《油站方寸蕴匠心》等微电影，放大典型辐射效应。

三、工作成效

浙江石油嘉兴分公司工会聚焦"四个维度"，有效发挥典型引领作用，激发了基层一线员工"带头学习强素质、带头干事谋发展、带头服务比贡献、带头自律树形象"的"四带头"工作氛围，强有力地推动了公司高质量发展。

“积分制”员工激励工作法

江西石油赣州分公司工会

一、工作背景

企业工会是企业党组织领导的职工自愿结合的工人阶级群众组织，是党联系群众的桥梁和纽带，是会员和职工利益的代表者。面对新时期新形势，为进一步激发员工参与企业管理的意识，营造“比学赶帮超”的良好氛围，增强工会组织的凝聚力和影响力，江西石油赣州分公司工会自主研发“赣石乐园”激励平台。

二、主要做法

“赣石乐园”激励平台是围绕由绩效考核向绩效管理转变的目标，通过搭建网络平台的方式，对员工实现积分制管理。平台设立“为你点赞”“我要求赞”“榜上有名”“积分乐园”“天天加油”“员工论坛”“爱心公社”和“学习园地”八大模块。

为你点赞——从加油站到分公司的各层级管理者都在观察基层员工的日常表现中，对表现突出的基层员工给予线上“点赞”。

我要求赞——满足员工利用“远程晒优”，更好地激发广大员工扩销增量、分享典型经验、提升服务水平的主动性与积极性。

积分乐园——员工可以将所获得的点赞数用在“积分乐园”模块中抽取或者兑换心仪物品。

榜上有名——可以查看实时更新的各类排行榜，排行榜可作为员工评先评优以及岗位晋级的参考依据。

天天加油——以模拟加油站加油场景作为页面背景，设置专项技能测试闯关游戏，员工闯关成功即可获得相应积分奖励。

员工论坛——为员工提供一个实时交流互动的社交平台，员工可在论坛发布工作中的所见所闻，推广好的做法，提出个人建议及看法。同时，县区公司、油库、分公司也可以开展标杆站示范、标

▼ 2020 年 11 月，中国石化销售公司副总经理，易捷公司党委书记、董事长叶慧青一行调研赣州时，现场登录“赣石乐园”为员工点赞

兵评选、建议征集、在线问卷调查等工作。

爱心公社——开展爱心倡议捐赠活动，以工会为主体，为需要帮助的员工和家庭进行线上募捐。

学习园地——通过以系统连续推送方式提醒员工点击学习，让员工更加直观、深刻地学习公司的各项文件精神及加油站安全、管理知识。

三、工作成效

江西石油赣州分公司工会通过开展“赣石乐园”工作，为员工提供展示自我的平台，通过物质和精神双重激励相结合的方式，吸引员工晒成绩、找不足、学知识、提建议，启发全员参与企业建设的热情和干事创业的积极性、创造性，提高员工综合素质水平和管理服务水平，推动工会组织为服务生产、服务中心工作发挥更突出的作用。

截至 2020 年 10 月底，“赣石乐园”用户达到 1778 人，求赞数据 7464 条，点赞数据 29931 条，“学习园地”模块发布 58 条学习内容，积分抽奖共抽出 661 份奖品。

“四送”工作法

广西石油工会

一、工作背景

广西石油工会为推动工会工作的改革创新发展，在服务机制创新上下功夫，通过“四送”工作法提高员工满意度，实现工会形象新突破，打造深入人心的工会口碑品牌。

二、主要做法

1. 心理服务送关爱

广西石油工会开通 EAP 心理咨询热线，聘请有资质的心理专家帮助员工解决心理困扰。专家采取收集案例、员工心态分析等方式进行个例疏导，同时开展预防式心理健康知识宣传。在新冠肺炎疫情期间及后疫情时期，工会还特别设立疫情防控 EAP 援助专线，帮助员工以平静的心态渡过特殊时期。

2. 外包入会送安心

广西石油委托管理外包加油站员工人数占员工群体的绝大部分，探索建立外包加油站员工入会制度，确保员工享受到应有的工会服

▲广西石油工会精心谋划百个“司机之家”，对内改善油站员工工作生活环境，对外展示工会良好形象，提升了中国石化品牌美誉度

务成为工会工作的重点。一是出台外包加油站员工入会指导意见，明确入会手续和流程，以便规避风险。二是开展入会宣传，帮助员工了解入会权益及工会组织可以提供的相关服务。三是畅通员工享受工会服务的渠道。以参与民主管理、劳动技能培训、评先评优活动、困难帮扶等四个方面为主线，全面梳理打通外包加油站会员管理制度，为外包加油站员工成长成才和全面发展搭建平台。

3. 网上工会送服务

广西石油工会建立“网上工会”平台，使平台与广西区总工会网上平台接轨，实现资源共享，提升工会服务员工的效率与质量。一是搭平台，让员工在网上能找得到工会组织，积极打造网络及新媒体矩阵工程。二是引方向，让员工在网上能听得到工会好声音。不定期在平台推送工会活动动态、宣传劳模典型，传承石油精神。

三是强功能，建立工会管理后台。主动把工会管理内容向网络终端延伸，逐步实现会员信息化管理。

4. 司机之家送温暖

广西石油工会以加油站为平台，与广西自治区总工会携手，精心谋划百个“司机之家”，对内改善油站员工的工作生活环境，推进“五小”建设，对外展示工会“担当、服务、暖心”的良好形象，提升了中国石化品牌美誉度。

在“司机之家”中开展“家文化”建设，设置“宣传栏”“书报架”，宣传企业和工会文化，展示员工风采。每年春节，“司机之家”都联合广西自治区总工会等举行粤务工农民工自驾摩托车返乡迎接仪式，与集团公司的“情暖驿站 满家回家”活动产生了双重效应，提升了工会品牌的影响力。

三、工作成效

广西石油工会“四送”工作法的推行，使工会工作在员工中道理说得明、声音叫得响、效果看得见，让广大员工感受到了工会组织的“娘家人”作用和群众纽带作用，提高了工会组织在员工心中的地位，既为今后工会工作的开展奠定了坚实的基础，也为进一步深化工会工作改革创新规划了蓝图。

多措并举发挥帮扶救助资金使用效能

重庆石油和光分公司工会

一、工作背景

重庆石油和光分公司工会于2014年正式成立，为将企业“关爱员工、和谐发展”理念落在实处，在公司党委和上级工会的领导和支持下，多年来坚持“真困难、真帮助”原则，认真开展帮扶救助工作，多措并举发挥帮扶救助资金使用效能。

二、主要做法

一是拓宽信息渠道，做到应报尽报。针对销售企业站点分散、基层人员流动性大的特点，和光分公司工会以站（部门）为单位，设立工会小组（站长、部门负责人为工会小组长）。帮扶救助以工会小组申报为基础，结合上年帮扶建档情况，联系党支部“1+5”党员联系群众进行结对协作、机关帮扶，开展“走基层、访万家”等活动，多渠道了解员工及其家庭情况，加大帮扶救助人员申报覆盖面。

二是查验核实情况，做好沟通解释。对申报的帮扶救助材料，和光分公司工会指派专人对病历、发票等纸质材料按《重庆石油和光分公司帮扶救助工作管理办法》及专项帮扶（如市产业工会的疫情防控专项慰问）相关规定进行严格审核，并逐一向工会小组长、本人及相关部门、人员进行具体情况核实。不符合帮扶条件的需向本人说明情况，不予纳入帮扶范围。

三是流程透明公开，接受监督检查。和光分公司工会对帮扶救助专项工作进行全过程公开，从申报开始，将申报范围、标准、要求下发到各工会小组，传达到每位员工，并抽查部分员工，了解他们对此项工作的知晓程度，组织召开工会委员会，审查申报的资料和核实的情况，将集体审议的结果向公司党委和上级工会报备、审批，并在公司范围内进行拟帮扶救助人员及基本情况的公示，接受群众、

▼深入困难员工家中进行慰问，用实际行动带给员工温暖

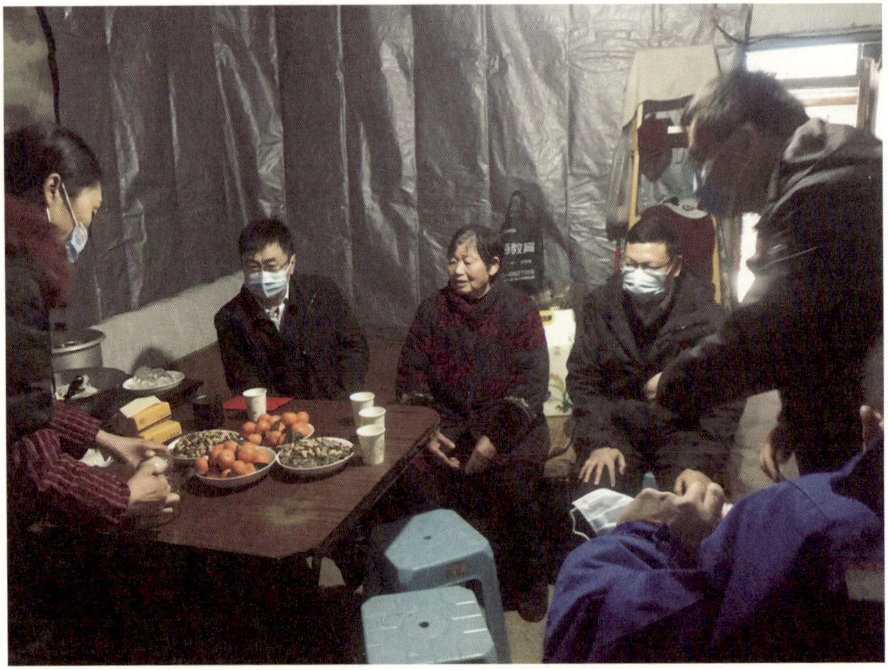

纪检、党委和上级工会的监督检查，

四是领导带队慰问，深入职工家中。帮扶人员名单确定后，由公司党政工领导分别带队，到员工家中送去慰问金和慰问品并开展慰问，拉家常、解困难、划未来，对现场慰问情况进行汇总。

三、工作成效

重庆石油和光分公司工会通过加强对帮扶救助工作中的人员申报、情况核实、审查审批、开展慰问等各个环节的管控，确保困难职工应帮尽帮，杜绝优亲厚友、人情帮扶，使有限的帮扶救助资金落实到真正需要帮助的职工身上，从而把各级党政机关的关心、关怀与工会组织的温暖送到广大职工心坎上。

设立“委屈奖” 为员工赋能

吉林石油吉林市分公司工会

一、工作背景

出于对企业的热爱和岗位的责任，一线员工日复一日地在各自岗位上辛勤坚守，但加油站却是没有“硝烟的战场”。“顾客永远是对的”已成为当今服务行业为最大限度地避免与顾客发生冲突而提出的口号。面对一些顾客的无理指责，一线员工以企业形象、岗位职责为重，选择忍下愤懑和不甘，吞下委屈与泪水，用张张笑脸面对过激言语，甚至拳脚相向。

针对上述情况，吉林石油吉林市分公司工会特设立“委屈奖”，舒缓、安抚一线员工的情绪，用关爱和理解为员工注入工作的热情和动力。

二、主要做法

1.“娘家人”贴心安抚护周全

吉林市分公司工会通过“定期排查＋员工自荐＋员工之间推荐”相结合的方式，进行每月“委屈奖”的申请工作。对员工在按章履

▲吉林石油吉林市分公司 EAP 工作室小组成员到加油站对员工进行“一对一”心理辅导

行职责过程中，虽受到服务对象态度粗暴、出言不逊、寻衅滋事、无理取闹等严重影响工作秩序的不公正对待，却未与服务对象发生争执，坚持“打不还手、骂不还口”，且能顾全大局耐心做好解释说明工作，努力平息化解矛盾，保持文明服务的情况进行 “委屈奖”登记，并于次月底前完成奖励兑现。

2.“三步走”保障和谐关系

吉林市分公司工会负责到库站对申报材料进行现场核实和心理疏导。一是安抚舒缓员工心理压力，肯定员工坚持工作原则，顾全大局的表现。二是通过情景重现帮助员工解开心结，引导员工如何巧妙避免矛盾，不断提升员工的应变能力，提高员工心理素质。三是用“身边事”感染“身边人”，引导其他员工学习借鉴与顾客交流的经验方法。

3. 典型事例促进服务提升

吉林市分公司工会定期组织情绪管理培训，鼓励曾获“委屈奖”员工将自身事例分享给更多员工，以更为直观的方式将典型案例形象化、生动化，逐步增强员工队伍整体话术能力、处变能力，从而达到更好地聆听顾客声音、完善工作方法，带给顾客更好的服务体验的最终目的。

三、工作成效

自“委屈奖”设立至今，既有因为坚持规章制度却不被理解，甚至被顾客“打一巴掌”的加气员，也有工作期间被顾客言语骚扰、耐心劝解即被“反咬一口”说服务态度差的年轻女加油员，更有认真介绍站内最新营销活动却不被顾客认可，在客户群里被反复辱骂的便利店员等10余名一线员工申报成功并获得奖励。同时，吉林市分公司工会EAP工作小组结合一线员工实际情况进行“一对一”心理辅导，全力解决员工思想包袱，为其赋能。越来越多的员工敢于直面工作中遇到的各类问题，在坚持工作原则的基础上有足够的大局意识来维护企业形象，在解决问题的过程中不断强化自身心理“免疫力”。

云上建设新平台　经费管理更规范

燕山石化工会

一、工作背景

“互联网+”既是时代的大势所趋，也成为工会工作的重要载体。燕山石化工会紧跟时代步伐，与职工需求相结合，与信息化发展相融合，建设“云工会”，实现“云办公”，进一步精准服务职工。

二、主要做法

利用新媒体技术在公司 BPM 系统上开发工会经费财务管理系统，将涉及工会经费运作的年初预算提报及预算审批、年中预算调整和审批、月度用款申请及审批、年底各项记录存档等业务事项都嵌入 BPM 运行模块中，实现了财务信息的有效提取和充分利用。

1. 实施事前预算分析、事中财务审核、事后数据分析

根据每年工会工作重点对二级工会各科目支出比例作出自动限定，明确每一个会计科目的支出明细和金额，为日后报销提供数据支撑，减少对人力的依赖性，避免会计科目使用混乱、报销项目随意增减、经费全年使用不均衡等问题，提高预算信息的可控性和实

时性。

2. 实行专职岗位培训、科目精准输入、流程严格审批

定期对两级工会干部（经办人）进行财务知识及系统使用方法的指导培训，按照“每一笔支出都有预算”的原则，遵守报销项目与预算项目必须匹配的操作规范，借助电脑终端和手机移动端，经办人可随时随地提交报销申请，审批人可随时随地进行审批，从根本上杜绝违规支出和越权审批、缩短业务报销时间和空间上的距离，以保证支出项目的内容和金额得到有效管控。

3. 实施过程总管控、过程全监督、过程严考核

根据经费预算管理和经费实际年度统计情况，实时了解各部门、

▼燕山石化工会开发的工会经费财务管理系统，极大地提高了工会干部的工作效率

各二级工会经费的预算和使用情况，实时了解月度、年度预算执行情况，以便及时发现问题并加以提醒和督促整改；全面了解预算执行情况，加强对预决算执行情况的检查考核；确保预算的准确率，为工会领导科学决策提供依据。

三、工作成效

燕山石化工会经费财务管理系统的开发和平稳运行，实现了信息系统与内控制度的有机结合，实现了工会经费各项财务工作的线上运作和实时监控，实现了经费预算数据和实际使用数据的自动汇总、统计、分析，从而提高数据准确性和工作效率，提高工会经费管理水平，加强推进工会财务规范化、信息化建设的步伐，为收好、管好、用好工会经费提供有力支撑。

以“四项机制”为保障的新媒体探索与应用

天津石化工会

一、工作背景

天津石化工会认真研究新形势下新媒体应用的新规律和新特点，以“四项机制”为保障，重点打造“天津石化职工之家”微信公众平台，全面提升工会宣传工作水平。目前，该微信公众平台拥有粉丝用户1.26余万人，职工覆盖率超过90%，专兼职运营人员40人，微信公众号传播力指数（WCI）在集团公司、天津市工会系统名列前茅。

二、主要做法

1. 建立制度支撑机制

公司工会研究制定了新媒体宣传工作制度，明确工作目标任务，建立工作标准，加大奖励激励作用，并根据形势需要及时修订完善。实行新媒体宣传工作通报考核制度，每季度通报一次投稿、刊稿情况，并将相关情况纳入月度绩效考核和年度建家考核。

2. 建立队伍保障机制

公司工会成立小编团队，选拔一批政治敏锐性高、写作能力强，

▲建立新媒体工作人员素质提升机制，定期组织开展秀米、H5、小视频制作和摄影培训班

创新有干劲的工会干部和积极分子兼任通讯员，形成了工会主席亲自抓，专兼职干部负专责，小编团队齐发力的工作局面。

3. 建立素质提升机制

公司工会加大培训力度，组织开展了秀米、H5、小视频制作和摄影等培训班，并结合公司中心工作开展现场采风，使新媒体团队在学习和实践中掌握了活动策划、新媒制作、宣传推广、粉丝维护等新媒体运营知识，具备了一专多能的全媒体素养。

4. 建立融合发展机制

公司工会创新提出“新媒体 +”的工作理念，将工会各项具体业务融入新媒体平台，在做好宣传工作的基础上，开展了“新媒体 + 政策宣讲、制度宣贯、意见征集、文体展演”等内容，促进了新媒体和工会业务的融合发展。

三、工作成效

打造思想引领新阵地。天津石化工会充分发挥新媒体工作优势，在提升思想引领效果上下功夫，采用“一图解读”、追踪报道等形式，及时宣传党的理论和路线、方针、政策。定期组织开展新媒体形势任务教育、政治理论和政策制度学习答题活动，实现了全员参与，使新媒体成为向党中央看齐的“扬声器”和政策引领的“风向标”。

建立联系群众新平台。天津石化工会定期开展线上、线下互动活动，鼓励职工用随手拍、Vlog等方式讲身边事、说心里话。同时，认真分析推送内容的点赞、转发、评论、留言等情况，准确研判职工的思想动态，并认真回复每一条评论和留言，为广大职工答疑释惑、解决问题，成为工会干部联系职工的新平台。

开创工会宣教新局面。2020年，“天津石化职工之家”微信公众平台实现月均原创图文推送60余篇、经验做法20余篇和工作信息在《工人日报》《天津工人报》《中国石化报》和“中国石化职工之家”微信公众平台等新闻媒体上刊发、转载，提升了天津石化工会工作的影响力，为公司打造世界一流环渤海炼化一体化产业基地营造了良好氛围。

“三新三融”打造大文体

扬子石化工会

一、工作背景

互联网时代的到来，人们交往方式和生活方式的改变，对职工思想教育和文体工作提出了新的挑战和命题。新形势下，如何让文体活动更好地满足广大职工对美好生活的向往，更好地凝聚广大职工的精气神，扬子石化工会进行了有效的探索和尝试，并提出了以“三新三融”为主线打造大文体格局的工作方法。

二、主要做法

扬子石化工会积极创新载体平台、更新理念思维，注重发挥网络优势，创建文体专用微信号“习文弄武”，用新媒体打造大文体，使之与职工职业发展、身心健康相结合，与推动绿色、和谐、卓越、奋进的新扬子建设相结合，引领职工身心健康新时尚，展现国企职工新作为。

一是载体创新，群众性体育活动“线上线下”共融。在传统线下活动的基础上，通过公众号征集展示“健康我行动”居家健身小

▲《新铁人的担当》演出实景

视频，开发健步走线上小程序，推出“建设新扬子”健步走 e+ 活动。打造“云健康”模式，弥补传统健身的条件限制，变活动的精英性、短时性、竞技性为全民性、长期性、健身性，化解了部分身体素质好、专项技能水平高的职工长期占领赛场的现象，使参与率大大增加，覆盖面达到 80% 以上。

二是理念出新，职工宣教工作“教育娱乐”互融。运用新媒体传播的灵活性和规模化，在公众号中推出谈话类栏目“劳模的私房菜”，多维度聚焦典型，把触角深入劳模先进的生活层面，既平易近人又全方位地反映先进典型的工作和生活；既弘扬劳模精神更还原真实鲜活的先进形象，在受众特别是青年职工中产生了积极的影响。充分利用微信小程序的特点，将日常健身活动和宣传教育相结合，植入形势任务宣讲、全民健身等内容，增加其互动性和趣味性，寓教于乐，受到广大职工“追捧”。

三是思维更新，“互联网 +”实现“上中下游”相融。围绕重大事件和特殊时期，摆脱固定思维创新文艺活动组织形式，将难点难题转化为凝聚力量承担责任的契机。在疫情期间，通过公众号征集发布抗疫诗歌、抗疫人物故事，并在疫情最严重的 2020 年 2 月，通过网络完成石化抗疫歌曲《新铁人的担当》的作词、作曲、演唱、合成和 MV 的制作。上、中、下游的许多兄弟单位都能在第一时间发来照片和视频资料，特别是抗疫一线的即时画面，为节目的真实呈现提供了第一手资料。

三、工作成效

扬子石化工会用文艺体育力量为企业发展助力，创作的多部原创音乐作品登上集团公司新春团拜会舞台，《新铁人的担当》陆续被学习强国、央企音乐、放歌中国等多家媒体平台推送，宣传了石油石化人在疫情防控和攻坚创效战场上的默默奉献。扬子石化代表队连续三届夺得南京市运会（职工部）比赛团体总分第一名。习文弄武公众号创建以来，共发文 330 余篇，平均阅读量 2000 以上，在职工中的影响力日益加深，并被广大职工戏称为“扬子人的 CCTV3+5”。

“四步走”打造职工质询平台

巴陵石化工会

一、工作背景

在当前国有企业深化改革、加快发展、构建和谐的工作中，建立和完善民主管理机制是贯彻落实党的依靠方针，加强基层民主政治建设的必然要求；是促进党的群众工作，推动企业改革发展的重要举措；是完善职工民主权利保障制度，建设和谐劳动关系，建立健全现代企业制度的重要组成部分；是推进厂务公开民主管理，强化利益协调机制、诉求表达机制、矛盾调处机制、权益保障机制建设的主要途径。巴陵石化工会站在深化民主管理，保障职工知情权、参与权、监督权，调动职工工作积极性的高度，积极探索、不断创新，将职工代表质询用制度形式体现出来，并写入《职工代表大会实施办法》。

二、主要做法

1. 统一部署

巴陵石化公司工会每年都围绕年初职代会确定的重点工作，定期下发质询工作通知，对质询工作做出统一安排。

2. 深入调研

各单位、部门党政负责人认真“备课”，掌握职工最关心、最想了解的情况制定措施，为被质询做准备；两级工会组织职工代表围绕年度职代会确定的目标，以及职业卫生巡视、健康体检、职工休假等广泛听民意，将全局性、代表性、共性的问题进行归纳汇总，为质询做准备。

3. 现场质询会

主要采取“一问一答”式，即职工代表问，公司领导答。质询会分两个环节：“规定动作”与“自选动作”。“规定动作”是指

▼巴陵石化召开半年职工代表质询会，畅通职工利益“绿色通道”

职工代表按单位顺序进行提问，尽可能提出具有全局性、典型性、代表性的问题。“自选动作”是指职工代表自由发问，不限单位顺序、问题范围、代表性等。对质询会上涉及的问题不回避、不遮掩，坚持“就地消化”的原则，公司领导班子在会上能马上答复的马上答复，难以处理的问题当场责成职能部门予以安排，并落实责任人和工作进度，对无法解决的问题做好解释说明。

4. 汇总反馈

质询工作结束后，由公司工会形成质询综合材料，以《巴陵石化简报》等形式刊发回复情况，对相关问题限时落实形成“闭环”。公司将职能部门答复、解决问题等情况与部门绩效考核挂钩。

三、工作成效

经过探索和实践，巴陵石化先后获得“全国厂务公开民主管理先进单位”“全国厂务公开民主管理示范单位”等荣誉。公司职工代表质询工作又开辟了一条职工反映问题、解决问题，领导班子了解民情、倾听民声、尊重民意、上下沟通、形成共识的“绿色通道”，使广大职工知厂情、明厂务、议厂政、管厂事得到了有效落实，职工主人翁意识不断强化，确保了企业内部的和谐稳定。

劳动竞赛“七步工作法”

川维化工工会

一、工作背景

川维化工工会按照“生产任务需要什么我们就开展什么竞赛，公司中心工作延伸到哪里我们的竞赛就开展到哪里”的工作思路，采取多层次、多角度、多样化的方式，将竞赛与公司发展同步谋划、同步开展，画好“同心圆”。经过多年劳动竞赛的蓬勃开展，工会不断总结并制定出公司劳动竞赛“七步工作法”，形成劳动竞赛良性管理模式。

二、主要做法

1. 走基层，找难题，摸清现状

公司工会深入生产现场及时了解掌握现场情况，针对现场状况设置劳动竞赛项目，确保竞赛来源基层、服务基层、作用基层。

2. 定项目，抓落实，明确职责

为推进劳动竞赛的顺利开展，成立了以工会主席为组长的公司级竞赛活动领导小组，并明确各考核组的工作职责。目前，劳动竞

▲川维化工开展“千项操作无差错”劳动竞赛

赛活动已形成统一领导，协调配合、全方位渗透的党政工齐抓共管的良好局面。

3. 出方子，定措施，量化细则

基层管理千头万绪，劳动竞赛方案在广泛征求各基层工会意见的基础上，提出六大主题进行定量考核，牵住了基层管理的“牛鼻子”。

4. 搭台子，广宣传，营造氛围

利用公司“奋进川维”媒体的大力宣传营造浓厚的竞赛氛围，调动了广大职工参与竞赛活动的积极性。

5. 重公开，赛成绩，保证效果

竞赛实施方案要求每月底由各基层区域主管审核各班组参评数据，每月编发竞赛活动考评通报，将优秀班组和优秀员工进行网上公示，以提升竞赛透明度。

6. 得实惠，获认可，持续激励

对劳动竞赛推报评审的各时间节点进行督导，每季度对竞赛情况进行回头看，分析竞赛成效，修订竞赛考核内容，优化竞赛方案。

7. 抓优化，强管理，动态完善

公司工会要求各运行部按照“对标历史最好数据”将百日安全无事故、三大纪律和报警系统等关键指标纳入劳动竞赛，以确保劳动竞赛与“攻坚创效”行动同频共振。

三、工作成效

1. 融入中心，汇聚职工干事创业强大力量

2020 年，公司共评选优秀班组 342 个，优秀员工 291 人次，相关经验做法多次在重庆市化医农林水利工会系统内交流。

2. 攻坚克难，最大限度激发职工投身竞赛活动

2020 年，为全力抢回疫情影响带来的效益损失，公司工会以劳动竞赛为切入点，发动基层工会开展“百日攻坚创效”劳动竞赛 28 项，实现效益 4000 万元。

3. 搭建平台，提升职工队伍技能水平和业务能力

公司检验计量中心在参加 2019 年重庆市化医农林水利工会化学分析检验工竞赛中，荣获团体第一名和个人单项第一名。2019 年，公司共有 208 名职工实现了技术等级提升。

创新“12345”工作法
深入开展“走基层、访万家”活动

共享服务公司东营分公司工会

一、工作背景

虽然将“走基层、访万家”作为一项党政群团干部深入群众、了解实情、化难解困的好制度，对密切党群、干群关系具有十分重要的作用，但在前期开展工作的过程中，个别部门对活动认识不高、理解不透、方法不当、措施不力，人是下到基层了，虽做到了“身入”但没有完全“心入”，跟群众的心还是贴得不够近，没有完全达到走访的目的。为解决这一问题，共享服务公司东营分公司工会创新实施“12345”工作法，切实提升走访成效。

二、主要做法

1. 打造一张明白纸

每季度编印一张明白纸，结合习近平新时代中国特色社会主义思想、上级精神以及《中华人民共和国工会法》《中华人民共和国劳动法》《工伤保险条例》等法律、法规进行解读，让员工能够懂政策、知形势、明方向。

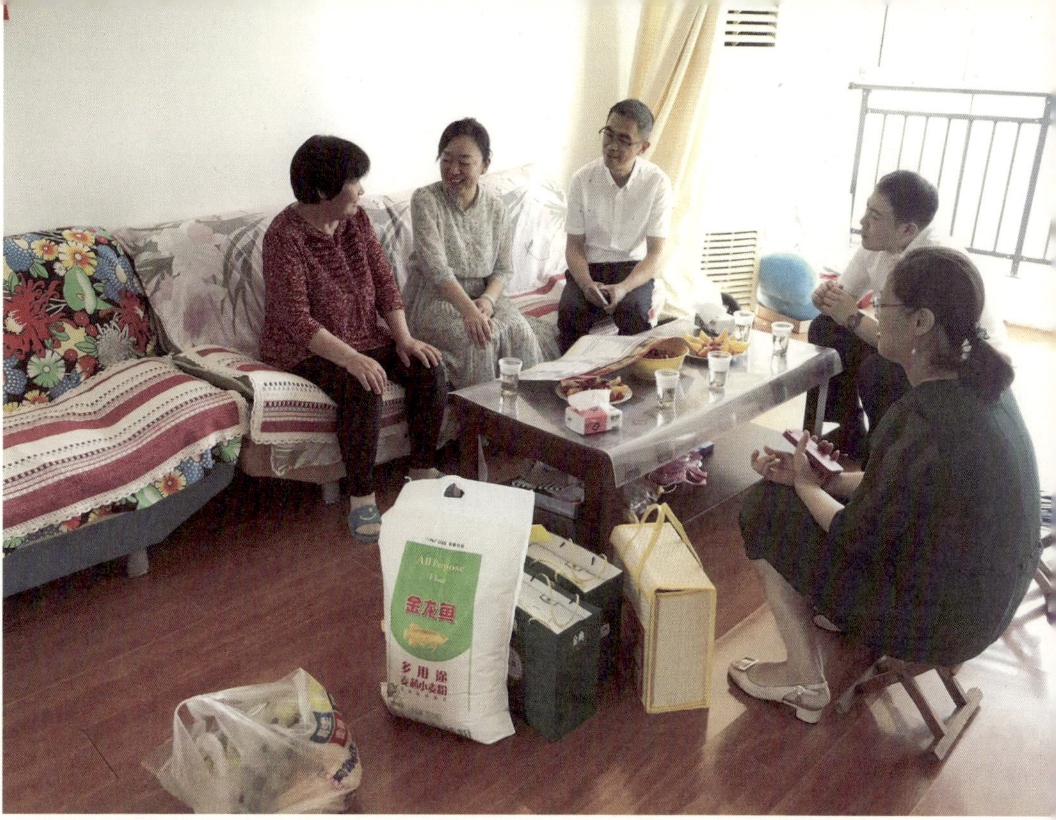

▲坚持做到四送，即手拿明白纸送政策、送动力、送感谢、送温暖到每位员工手中

2. 用好两份走访档案记录

通过“员工民情档案”和“走访工作记录”，记录获取员工的基本情况和思想动态信息，坚持 5 个工作日内及时干预制度，及时给出切实可行的解决方案，真正为员工排忧解难。

3. 走访前做到“三清楚”

清楚思想动态、清楚日常表现、清楚家庭情况。全面掌握走访对象基本情况，合理安排走访的方式、时间。根据困难员工、先进员工、特殊员工等情况采取分级走访制度，有针对性地开展走访。

4. 实现进家入户有四送

送政策、送动力、送感谢、送温暖到每位员工手中。通过走访把形势讲清、政策讲透；对员工工作上的表现给予肯定，激励员工的工作热情；对家属的支持和理解送出感谢；切实解决实际问题，让员工切实感受到公司的关怀和温暖。

5. 确保开展工作五到位

制度保障、人员保障、经费保障、分析情况和总结到位。落实“六必访、七必谈”制度，确保基层有专人负责监督经费专款专用。通过深入群众对发现的问题分析原因、查找根源，发挥好工会桥梁纽带作用。

三、工作成效

共享服务公司东营分公司工会通过一系列工作，实现了“一畅通、两覆盖、三提升”。畅通一条民生反馈渠道，及时准确地听到员工的意见和要求，帮助员工解决困难，办好得人心、暖人心、稳人心、聚人心的实事。实现员工家庭走访全覆盖、基层班组调研全覆盖，截至目前，已走访员工 1087 人，收集问题困难 46 项，征集意见建议 20 项，为员工解决困难 17 件。走访活动用真情凝聚了员工队伍，促进了公司和谐稳定。员工创新工作能力提升、思想建设水平提升、班组标准化建设水平提升。收集了员工的“金点子”、巧心思，促进了创新成果的转化应用，将员工思想拧成一股绳，将员工力量汇成一股劲，进一步推进工会工作重心下移，促进班组标准化建设水平提升。

“望闻问切”与职工群众面对面、心贴心

石化出版公司经济出版第一分工会

一、工作背景

习近平总书记在同中华全国总工会新一届领导班子成员集体谈话时，要求工会干部“深入基层一线，加强调查研究，坚决防止‘四风’特别是形式主义、官僚主义，让职工群众真正感受到工会是职工之家，工会干部是最可信赖的娘家人、贴心人”。石化出版公司经济出版第一分工会结合部门女同志较多、性格较为感性的特点，创新“望闻问切”工作法，以干部的细心、耐心，换来员工的暖心、贴心。

二、主要做法

望，即通过观察员工的气色表情、行为动作，判断其生活状态、工作节奏。如：有的员工上班时双眼红肿，原来是前晚与家人争吵所致；此时工会干部会开导她，同在屋檐下，摩擦在所难免，重要的是及时和解、不生积怨。又如：有的员工在楼道经过时步履匆匆、神色茫然，显然是工作压力太大所致；此时工会干部会提示她，区分轻重缓急、合理安排工作，不要影响健康和生活。

▲通过开展“望闻问切”工作法，员工拥有良好的精神面貌，向祖国华诞送上祝福

闻，即通过与员工的工作搭档交流，侧面了解员工的真实状况和问题症结。如：有的员工生性胆小，遇到麻烦不敢向领导求助，或者因为犯了低级错误，害怕被领导责怪，导致问题越积越多、压力越来越大；此时工会干部会注意保护员工的敏感性，不直接询问员工，而是通过其工作搭档向其传授工作思路、方法，助其化解难题。

问，即通过与员工面对面谈心，直接表达关注、关切，倾听其所思、所感。在员工的工作或生活进入新阶段时，在其取得成绩或遭遇挫折时，在岁末年初、重大节庆时……工会干部会与员工进行一次推心置腹的谈话，勉励其对过去的工作生活进行总结、提炼、升华，从而更好地拥抱明天。

切，即通过情景教学、案例教学，在切实为员工解决难题的同时增其才干。当员工在工作中遇到棘手问题时，工会干部会发挥担当精神，利用自身分析问题、解决问题的能力和丰富的工作经验，为员工“把脉开方”、排忧解难；同时，将解决问题的过程巧妙转化成情景教学、案例教学的过程，使员工“刀在石上磨，人在事上练”，锤炼品格、增长才干。

三、工作成效

当员工在工作中遇到棘手问题时，工会干部会发挥担当精神，利用自身分析问题、解决问题的能力和丰富的工作经验，为员工“把脉开方”、排忧解难；同时，将解决问题的过程巧妙转化成情景教学、案例教学的过程，使员工“刀在石上磨，人在事上练”，锤炼品格、增长才干。